Petits *C*lassiques
LARO...

Collection fondée
Agrégé des Lettre.

La Farce de maître Pathelin

Pièce anonyme

Édition présentée,
annotée et commentée
par Thierry REVOL,
agrégé de lettres modernes,
docteur ès lettres

Traduction de Alain MIGÉ

Direction de la collection : Carine GIRAC-MARINIER

Direction éditoriale : Jacques FLORENT

Édition : Marie-Hélène CHRISTENSEN

Direction artistique : Uli MEINDL

Couverture et maquette intérieure : Serge CORTESI, Sophie RIVOIRE, Uli MEINDL

Mise en page : Monique BARNAUD, Jouve Saran

Responsable de fabrication : Marlène DELBEKEN

SOMMAIRE

Avant d'aborder l'œuvre

La Farce de maître Pathelin

Avez-vous bien lu ?

Pour approfondir

AVANT D'ABORDER L'ŒUVRE

AVANT D'ABORDER L'ŒUVRE

Fiche d'identité d'un auteur

... anonyme

Nom : inconnu. Bien qu'on ait attribué la pièce à quelques grands auteurs (dont le poète François Villon), *La Farce de maître Pathelin* reste anonyme.

Naissance : dans la première moitié du XVe siècle, puisque la pièce apparaît vers 1464 et qu'elle est certainement l'œuvre d'un auteur expérimenté.

Études : dans les écoles et sans doute à la faculté des arts, car l'auteur connaît le latin et il manie très bien la composition versifiée.

Professions : clerc, ce qui signifie que l'auteur a fait des études, sans qu'on puisse savoir exactement sa spécialité.

Domicile : on ne peut le déduire que par la langue dans laquelle la pièce est composée. Il s'agit d'un français parlé en Île-de-France. Mais plusieurs passages en jargons montrent que l'auteur connaît assez bien les dialectes de l'Ouest (Normandie), de l'Est (Lorraine) et du Nord (Picardie) de la France.

Carrière : l'auteur pourrait avoir été juriste (peut-être fonctionnaire au Parlement de Paris, qui était une institution judiciaire) car de nombreux juristes se frottaient au théâtre pendant leurs études ou au début de leur carrière, en écrivant, en montant ou en jouant de petites pièces de théâtre. Or *La Farce de maître Pathelin* comporte un procès, elle se termine d'ailleurs par un appel à la justice, et elle est assez précise sur le vocabulaire juridique.

Autres renseignements personnels : aucun. Tout ce qu'on peut savoir de l'auteur se déduit uniquement de la pièce. Or c'est une pièce remarquable, une des farces les mieux réussies du temps, mais elle n'est pas signée. C'est d'ailleurs le cas de presque toutes les farces médiévales.

Mort : peut-être brutale, ce qui expliquerait que l'auteur n'ait pas laissé d'autres traces ou que l'on ne puisse rapprocher *La Farce de maître Pathelin* d'autres œuvres connues.

Pour ou contre

Les farces ?

Pour

Guy de MAUPASSANT :

« Quoi de plus amusant et de plus drôle que la farce ? Quoi de plus amusant que de mystifier des âmes crédules, que de bafouer des niais, de duper les plus malins, de faire tomber les plus retors en des pièges inoffensifs et comiques ? »

Contes et Nouvelles, t. 2, « Farce », 1883.

Charles MAZOUER :

« Voici donc un véritable théâtre, avec ses personnages fictifs empruntés à la vie quotidienne, une action dramatique organisée faite de leurs conflits ; et un théâtre tout dédié à la joie des spectateurs. »

Le Théâtre français du Moyen Âge, Paris, SEDES, 1998.

Contre

Ernest RENAN :

« Il y eut au XVᵉ siècle toute une littérature qu'on pourrait appeler la littérature Louis XI, où la suprême vertu est la finesse, où la grandeur est impitoyablement sacrifiée au succès. »

Essais de morale et de critique, 1854.

« DE LA FABLE »

« Intermède bouffon intercalé dans la représentation des mystères joués sur le parvis des églises. »

Article « Farce », 9ᵉ édition du *Dictionnaire de l'Académie*.

Repères chronologiques

Œuvres médiévales	Événements culturels, artistiques, historiques et politiques

1413
Christine de Pisan, *Livre des faits d'armes*.

1414
Christine de Pisan, *Livre de la paix*.

1415
Eustache Mercadé, *Passion*.

1424
Alain Chartier, *La Belle dame sans merci*.

1429
Christine de Pisan, *Dictié de Jeanne d'Arc*.

1437
Moralité du concile de Bâle.

1440-1450
Josquin des Prés.
Premières farces.

1455
Farce du nouveau marié.

1456
François Villon, *Le Lais* ;
Antoine de la Salle, *Le Petit Jehan de Saintré*.

1458
Eustache Marcadé, *La Vengeance Jésus-Christ*.

1461
François Villon, *Le Testament*.

1465
Farce du cuvier.

1456-1467
Cent Nouvelles nouvelles.

1468
Franc Archer de Bagnolet (monologue).

1413
Belles Heures du duc de Berry.

1415
Désastre français d'Azincourt : Charles d'Orléans prisonnier.

1419
Création des foires de Lyon.

1420
Premières troupes de farceurs (?).

1422
Mort de Charles VI, roi de France, mais son fils Charles VII est contesté.

1429
Jeanne d'Arc délivre Orléans et fait sacrer Charles VII à Reims.

1431
Naissance de François Villon.
Jeanne d'Arc brûlée vive à Rouen.
Début du concile de Bâle.

1436
Invention de l'imprimerie.

1440
Charles d'Orléans revient d'exil.

1453
Fin de la guerre de Cent Ans.
Prise de Constantinople par les Turcs.

1455
Première Bible imprimée par Gutenberg.

1461-1483
Louis XI, roi de France.

1465
Mort de Charles d'Orléans.
Bataille de Montlhéry.

1466
Naissance d'Érasme.

Œuvres médiévales	Événements culturels, artistiques, historiques et politiques
1470 *Farce du pâté et de la tarte*.	**1467** Charles le Téméraire, duc de Bourgogne.
1471 *Mystère de la Passion* d'Autun.	**1470** Installation d'une imprimerie à la Sorbonne.
1475 *Miracle de sainte Geneviève*. *Évangiles des quenouilles*.	**1471** Naissance d'Albrecht Dürer
1477-1492 Jean Molinet, *Arts de rhétorique*.	**1472** Philippe de Commynes au service de Louis XI.
1479-1480 Guillaume Coquillard, *Droits nouveaux*.	**1475** Naissance de Michel-Ange.
1486 1re édition de *La Farce de maître Pathelin*, à Lyon. Pic de la Mirandole, *Questionnaire*, condamné par le pape en 1487.	**1483** Naissance de Rabelais (?). Naissance de Luther.
1489 2e édition de *Pathelin*, à Paris.	**1483-1498** Charles VIII, roi de France.
1489-1499 Commynes rédige les six premiers livres de ses *Mémoires*.	**1489** François Ier considéré comme le « Père des lettres ».
1490 Lefèvre d'Étaples, *Introduction à la Métaphysique d'Aristote*. 3e édition de *Pathelin*, à Paris.	**1492** Découverte de l'Amérique, fin de la *Reconquista* en Espagne.
1493 La Marche, *Triomphes des dames*.	**1498-1515** Louis XII, roi de France.
1508 Budé, *Annotations aux Pandectes*.	**1509** Naissance de Calvin.
1511 Gringoire, *Jeu du prince des sots*.	**1515-1547** François Ier, roi de France.
	1517 Luther à Wittenberg, querelle des indulgences.
	1519 Mort de Léonard de Vinci à Amboise.

Fiche d'identité de l'œuvre

La Farce de maître Pathelin

Auteur :
anonyme, vers 1464.

Genre :
farce.

Forme :
dialogue versifié en vers
de huit syllabes.

Structure :
3 grandes séquences.

Personnages : 5 personnages en tout.
Personnage principal : Pierre Pathelin, avocat rusé, ce qui
lui a déjà valu des ennuis avec la justice.

Autres personnages : Guillemette, femme de Pathelin
- Guillaume Joceaulme, marchand de tissus - le Juge,
auquel Guillaume a recours contre Thibaut l'Agnelet,
un berger qui lui a volé des moutons.

Lieu, moment et durée de l'action : dans une ville.
Tous les événements se déroulent en quelques heures.
Les personnages sont contemporains des spectateurs.

Sujet : Séquence I. Maître Pathelin se plaint à sa femme
que ses affaires marchent bien mal. Il se rend à la foire,
chez le drapier Guillaume Joceaulme, qu'il amadoue
en lui parlant de son père et en l'invitant à déjeuner.
Il repart avec du drap qu'il promet de payer plus tard.

Séquence II. Pathelin se met d'accord avec sa femme pour
ne pas avoir à payer le drapier. Lorsque ce dernier
arrive, Guillemette s'étonne de le voir : son mari est
couché et mourant et il est impossible qu'il soit sorti.
Le drapier finit par croire le couple lorsqu'il entend
Pathelin délirer en plusieurs langues.

Séquence III. En colère, le drapier est au moins résolu
à ne plus se laisser tromper par son berger qui lui vole
des moutons : il l'assigne à comparaître devant un juge.
Le berger choisit maître Pathelin pour le défendre.
Le drapier, troublé de reconnaître au tribunal un homme
qu'il croyait presque mort, s'embrouille et mélange
draperie et *bergerie*. Le juge excédé acquitte
le berger. Le marchand est encore vaincu. Mais lorsque
l'avocat Pathelin veut se faire payer à son tour,
le berger ne sait que lui répondre « bê ».

Pour ou contre

La Farce de maître Pathelin ?

Pour

Comte de Tressan :

« Le génie perça cependant quelquefois dans ces siècles dont il nous reste si peu d'ouvrages dignes d'estime ; *La Farce de Pathelin* ferait honneur à Molière. Nous avons peu de comédies qui rassemblent des peintures plus vraies, plus d'imagination et de gaieté. »

Article « Parade » de *L'Encyclopédie*, 1767.

Émile LITTRÉ :

« La lecture montre partout un homme habile à manier sa langue avec correction et avec élégance. En un mot, l'auteur de Pathelin sait écrire. »

La Revue des deux mondes, 15 juillet 1855.

Contre

Lucien FOULET :

« Seul le juge représente les honnêtes gens, et c'est un personnage falot que tout le monde berne et qui invite à souper un avocat véreux. »

Histoire de la littérature française illustrée, t. 1, 1948.

Ernest RENAN :

« Épopée d'un âge de fripons, comme l'a dit M. Michelet, *Pathelin* est l'expression de cette laideur vulgaire et immorale, mais spirituelle, qui caractérise le XVe siècle. »

Essais de morale et de critique, 1854.

Pour mieux lire l'œuvre

✤ Au temps de *La Farce de maître Pathelin*

Peste, famine et guerre

De 1350 à 1450, les malheurs se sont succédé en Occident, et la France n'a pas été épargnée. La peste, cette terrible maladie qu'on ne sait pas soigner, réapparaît à peu près partout. Elle touche l'ensemble du royaume jusqu'à la fin du XVe siècle ; elle ravage Paris et l'Île-de-France, en 1363 et 1418. La population reste impuissante face à ce malheur, comme devant les intempéries et la vague froid qui entraînent de mauvaises récoltes. Après la relative prospérité et les progrès agricoles des XIIe et XIIIe siècles, la famine frappe à nouveau de manière périodique. La guerre s'ajoute à ces deux fléaux à partir de 1338 et jusqu'en 1454 : la fameuse guerre de Cent Ans, qui oppose principalement les Français aux Anglais, a duré plus longtemps que son nom le laisse penser, malgré des moments de trêve plus ou moins prolongés. Les combats contribuent aussi à la diminution de la population ; ils causent des destructions nombreuses et profondes ; ils favorisent les troubles dans les campagnes et dans les villes. Une grande partie du pays est livrée à l'anarchie : des soldats indisciplinés sévissent partout, les routes restent souvent dangereuses, et le roi de France n'exerce que très mal son autorité.

Le redressement

Le royaume de France sort pourtant renforcé de ces épreuves. Les classes dirigeantes se renouvellent parce que les guerres ont décimé la noblesse. Les paysans et les artisans s'enrichissent un peu parce que la main-d'œuvre, plus rare, est mieux payée. La bourgeoisie marchande renforce ses positions auprès de l'aristocratie et de la cour en prêtant son argent. La monarchie elle-même se consolide en établissant des impôts réguliers et en recrutant des hommes d'armes. Le sentiment national s'affermit dans la lutte contre les Anglais, notamment à travers les figures populaires que sont Du Gesclin (mort en 1380) ou Jeanne d'Arc (morte en 1431).

Politiquement, la France s'agrandit. Elle acquiert le Dauphiné en 1349 (pendant tout l'Ancien Régime, « dauphin » sera le titre du prince héritier). En 1477, le roi Louis XI profite de la mort de Charles le Téméraire, dernier héritier de Bourgogne, pour s'emparer de son duché. La mort de René d'Anjou laisse aussi la Provence sans souverain : elle est unie à la France en 1481. Enfin, la Bretagne lui est rattachée par le mariage du roi Charles VIII avec Anne de Bretagne en 1491.

Ainsi, à la fin du XVe siècle, le royaume retrouve une certaine prospérité : la population recommence à augmenter, on cultive de nouveau les terres à l'abandon, une petite industrie renaît dans certaines régions (la toile et le tissage dans l'Ouest, les mines dans le Massif central), le commerce et les échanges s'affermissent (les foires de Lyon).

Charles VII, mort en 1461, celui-là même que Jeanne d'Arc soutint jusqu'à son sacre à Reims, se révéla un roi efficace : il organise un impôt permanent qui lui permet d'entretenir une armée forte ; il gagne la guerre contre les Anglais et rétablit son autorité ; il favorise le commerce avec son ministre Jacques Cœur. Louis XI, son fils, lui succède jusqu'en 1483. Il lutte contre les grands seigneurs du royaume et continue l'œuvre organisatrice de son père. Mais surtout il favorise la reprise économique, encourage les foires, améliore les routes et les postes. La draperie se répand dans les petites villes et les campagnes, et une ordonnance royale la réglemente, en 1469, pour tout le royaume.

La Farce de maître Pathelin, se déroule dans ce contexte de paix civile et de prospérité économique retrouvée. Les règles sociales y semblent bien respectées avec le recours au juge et à l'avocat. Le riche drapier apparaît lui-même comme un symbole de cette activité commerciale florissante : il possède une échoppe en ville et un troupeau de moutons qu'il fait paître à la campagne.

Pour mieux lire l'œuvre

Les villes drapières

Le XIIIe siècle avait vu se développer la puissance des villes du Nord et le pouvoir de la bourgeoisie, qui s'émancipe souvent de l'autorité de la noblesse. La richesse de ces villes leur permet de gagner une certaine autonomie. C'est le cas d'Arras, ville de marchands drapiers, de commerçants et de banquiers.

Cette prospérité s'effondre largement au cours du XIVe siècle. Elle renaît pourtant après le début du XVe siècle, mais dans des conditions un peu différentes. Les grandes villes du Nord de la France et des Flandres subissent une crise de la draperie traditionnelle. Ces étoffes d'excellente qualité sont supplantées par des tissus moins chers et plus légers, fabriqués dans de petites villes et même dans des ateliers à la campagne.

Le drap

Au Moyen Âge, le sens actuel, « pièce de toile pour le lit », n'est pas le sens le plus courant : le mot *drap* possède la signification générale d'« étoffe ». En cela, il s'oppose au *tissu*. Ce dernier, comme son nom l'indique, est une étoffe fabriquée par tissage. Au contraire, le *drap* était obtenu par un procédé de foulage : la laine est pressée et écrasée pour que ses fibres se resserrent et s'enchevêtrent (comme pour le feutre ou la feutrine). L'étoffe y gagne en densité, en force et en moelleux. Ce procédé produit donc plusieurs qualités de drap, selon son épaisseur et sa douceur. *Draps* et *tissus* doivent encore être teints.

Le drapier, dans l'exercice de sa profession de marchand, dispose d'un simple étal à la foire de la ville : un comptoir installé sur des tréteaux. Derrière lui, une autre planche supporte sa marchandise repliée et empilée, comme nous la voyons encore vendue de nos jours dans les magasins de tissus. Pour servir un client, le drapier fait tâter le drap : seul le toucher peut déterminer la qualité du foulage. Mais le drapier fabrique aussi sa marchandise avec la laine de ses moutons, et il lui arrive d'acquérir des toisons brutes lors de grandes foires. Il peut même revendre des pièces achetées déjà toutes prêtes. En somme, ce personnage rassemble plusieurs professions déjà assez bien spécialisées à cette époque : le foulon (ou le tisserand), le teinturier et le négociant drapier. Mais c'est uniquement par cette dernière activité commerciale que Guillaume est désigné dans la pièce.

> ### ☙ L'essentiel
>
> *La Farce de maître Pathelin* s'inscrit dans un contexte de prospérité économique retrouvée et de calme rétabli après les troubles de la guerre de Cent Ans. Le drapier incarne ces commerçants aux affaires prospères, alors que le juge et l'avocat Pathelin symbolisent l'affermissement de l'autorité judiciaire.

✢ L'œuvre aujourd'hui

Le succès de cette farce se fait sentir jusqu'à aujourd'hui. Très tôt, en particulier, la pièce impose sa marque dans la langue française. Le nom même de *maître Pathelin* nous est d'ailleurs resté : il est encore employé, surtout sous la forme de l'adjectif *patelin*. *Parler sur un ton patelin*, c'est « parler de façon fausse et douce ou de façon hypocrite ». Des manières *patelines* sont comprises comme « flatteuses et mensongères ». Le verbe *pateliner* signifie « agir comme une personne pateline, ou hypocritement ». Jusqu'à nos jours, le vocabulaire est marqué par le jeu de ce personnage. De même, certaines phrases sont restées comme proverbes ou comme expression. C'est le cas de la réplique que le juge prononce pour essayer de mettre un peu d'ordre pendant le procès : *Revenons à nos moutons !* Elle reste actuellement employée de manière générale pour signifier : « reprenons le fil de notre discussion », « retrouvons notre sujet sans perdre de temps avec des questions annexes ».

Mais la pièce a aussi survécu à travers reprises et mises en scène.

Pour mieux lire l'œuvre

La fin du Moyen Âge et le début du XVIe siècle constituent l'âge d'or de la farce : pendant toute cette époque, *La Farce de maître Pathelin* reste connue et jouée. Alors que tant d'autres farces ont été perdues, la pièce est constamment rééditée. Elle n'a jamais été oubliée, sans doute parce que l'histoire ne reposait pas sur une accumulation de scènes grivoises qui pouvaient choquer certains esprits chagrins. La pièce n'est pas forcément morale au sens où la religion chrétienne l'entendait, mais elle offre des moments de détente et de jeu finalement assez innocents.

Comme nous aujourd'hui, les lecteurs du XVIIe et du XVIIIe siècle ont senti le besoin d'adapter la pièce ou de la traduire parce que sa compréhension était devenue difficile. La pièce est modernisée pour Louis XIV en 1700 (mais la guerre empêchera le roi de la voir). Cette adaptation apparaît dans le répertoire de la Comédie-Française en 1706 : elle est l'œuvre de Brueys, qui la baptise *L'Avocat Pathelin*. Mais ce nouvel auteur augmente la pièce : il invente des personnages et il innove par une série de mariages à la fin ! Il la transforme donc en véritable comédie classique et en dénature passablement l'esprit. Pourtant sa pièce fut jouée 888 fois jusqu'en 1859.

Au XIXe siècle, le succès de la *Farce* elle-même ne diminue pas, d'autant que l'époque est propice à la redécouverte du patrimoine médiéval de la France. La version de Brueys est récrite plusieurs fois en allemand et même en français ; en 1856 on en tire un opéra-comique. En 1884, de Gassies des Brulies et, en 1922, Roger Allard se rapprochent à nouveau de l'original : ils le traduisent et le coupent un peu, mais sans autre transformation. En 1931, Gustave Cohen fait jouer la pièce par ses étudiants : lui ne récrit pas le texte qu'il se contente de traduire, et surtout il essaie de retrouver l'atmosphère de la scène et de la représentation médiévale.

C'est ce qu'essaieront aussi de faire les metteurs en scène suivants, en adoptant deux positions, qui ne sont d'ailleurs pas contradictoires. Certains font ressortir les présupposés idéologiques et politiques de la pièce : la revanche du pauvre berger sur le riche marchand, la dénonciation des dysfonctionnements de la société marchande. C'est le cas de Pierre Orma en 1968 et de Jacques Guimet en 1970. Mais d'autres cherchent plutôt à retrouver les effets de théâtre populaire et de théâtre de foire, comme Georgy Paro en 1959, Maurice Jacquemont en 1962, Willy Urbain en 1965 ou Jacques Bellay en 1970.

Aujourd'hui, la pièce est toujours jouée, en traduction, bien sûr. Elle est sans cesse reprise par des troupes de comédiens amateurs grâce au petit nombre de ses personnages et la simplicité de sa mise en scène. Elle plaît aux élèves des théâtres scolaires pour la verve de ses personnages et l'efficacité de son développement dramatique.

✍ L'essentiel

La Farce de maître Pathelin a connu un immense succès jusqu'à nos jours. Elle a laissé des traces dans la langue française, notamment grâce au nom de son personnage principal. Mais c'est aussi une des pièces les plus jouées du Moyen Âge : sa forme simple et son riche contenu permettent toutes sortes d'interprétations et de jeux.

La Farce de maître Pathelin. Pathelin et Guillemette.
Gravure sur bois, 1500.

La Farce de maître Pathelin

Pièce anonyme parue
pour la première fois vers 1486

PERSONNAGES

MAÎTRE PIERRE PATHELIN, *avocat.*

GUILLEMETTE, *femme de Pathelin.*

GUILLAUME JOCEAULME, *drapier.*

THIBAUT L'AGNELET, *berger.*

LE JUGE.

La farce ne comporte aucune indication sur le type de vêtements portés par les personnages, ni sur le décor des différentes séquences. Il faut imaginer tout cela à partir des informations contenues dans le texte et de ce qu'on connaît de l'époque, notamment dans les gravures ou les tableaux.

Les acteurs évoluent dans un espace traité en *décors simultanés*. Les spectateurs voient donc plusieurs lieux à la fois sur la scène : la boutique du marchand, ainsi que l'intérieur de la maison de Pathelin et Guillemette. L'action peut se dérouler en même temps dans chacun de ces lieux.

Les didascalies (indications de mise en scène directement données par l'auteur) sont extrêmement réduites : les seules qui appartiennent à l'auteur sont « Maître Pierre Pathelin *commence* » et « Pathelin, *en comptant sur ses doigts* », dans la première scène. Les autres didascalies (qui apparaissent en italique) ont été ajoutées pour cette édition.

SÉQUENCE I

Scène 1 PATHELIN, GUILLEMETTE.

La scène est chez Pathelin et Guillemette.

MAÎTRE[1] PIERRE PATHELIN *commence.* Par sainte Marie[2], Guillemette, malgré tous mes efforts à voler ici et là des bricoles et à ramasser ce que je peux, nous n'arrivons pas à nous enrichir ! Il fut pourtant un temps où mon métier d'avocat me rapportait.

5 **GUILLEMETTE.** Par Notre Dame[3], j'y pensais justement ! Tout le monde voulait alors vous avoir pour gagner son procès. Mais votre réputation a bien baissé. On se moque désormais de vous dans le monde du barreau[4]. On vous y traite de vulgaire petit avocat !

PATHELIN. Pourtant, je ne le dis pas pour me vanter, il n'y a pas 10 dans toute la juridiction[5] d'homme plus habile que moi, sauf le maire !

GUILLEMETTE. C'est qu'il a lu le grimoire[6] et fait de longues études de clerc[7] !

PATHELIN. Je peux gagner rapidement n'importe quel procès, 15 pour peu que je le veuille. Pourtant je n'ai que fort peu étudié. Mais je peux me vanter de savoir chanter au lutrin[8] avec notre

---

1. **Maître** : titre que l'on donne en parlant d'un avocat ou en s'adressant à lui.
2. **Par sainte Marie** : par la Vierge, sainte Marie, mère de Jésus-Christ dans la religion catholique ; cette expression toute faite a valeur d'exclamation.
3. **Par Notre Dame** : autre désignation de la Vierge Marie et autre exclamation.
4. **Le monde du barreau** : les avocats ; autrefois, les avocats se tenaient au tribunal dans un espace qui leur était réservé et qui était fermé par une barrière, d'où l'expression « le monde du barreau ».
5. **Juridiction** : circonscription judiciaire.
6. **Grimoire** : livre de sorcellerie.
7. **Clerc** : au Moyen Âge, le clerc est un savant.
8. **Lutrin** : pupitre où, dans une église, le prêtre pose son livre de chants.

prêtre, comme si j'avais suivi les cours d'un professeur de chant aussi longtemps que Charlemagne a séjourné en Espagne[1].

GUILLEMETTE. Et qu'est-ce que ça nous rapporte ? Rien ! Nous mourons tout simplement de faim. Nos vêtements sont usés jusqu'à la trame, et nous n'avons pas les moyens de nous en acheter d'autres. À quoi nous sert donc toute votre science ?

PATHELIN. Taisez-vous ! En vérité, à force de réflexion, je vais bien trouver un moyen de nous procurer des vêtements et des chaperons[2]. S'il plaît à Dieu, nous allons bientôt nous en sortir. Que diable ! Dieu lui-même travaille vite quand il le veut ! Si je m'appuie sur ma longue expérience, je serai sans rival.

GUILLEMETTE. C'est bien vrai, par saint Jacques[3] ! Vous êtes passé maître dans l'art de tromper les gens !

PATHELIN. Pas dans l'art de tromper ! Dans celui de plaider !

GUILLEMETTE. Non, non ! Dans l'art de tromper ! Sans n'avoir jamais fait d'études, vous avez la réputation, je le sais bien, d'être l'homme le plus fourbe[4] de la paroisse[5].

PATHELIN. Personne ne connaît mieux que moi le métier d'avocat !

GUILLEMETTE. Le métier de trompeur, plutôt ! C'est en tout cas ce qu'on dit de vous !

PATHELIN. C'est ce que disent des gens richement vêtus, qui se prétendent avocats et qui ne le sont pas. Mais cessons de bavarder ! Je dois aller à la foire.

GUILLEMETTE. À la foire ?

PATHELIN. Oui, à la foire ! *Il fredonne :* « À la foire, gentille marchande… ». *Il reprend en parlant* : Cela vous déplaît-il que j'achète

---

1. **Aussi longtemps que Charlemagne a séjourné en Espagne** : allusion à la *Chanson de Roland* (XIIe siècle) qui évoque la guerre de Sept Ans que l'empereur Charlemagne (768-814) mena en Espagne.
2. **Chaperons** : capuchons, chapeaux.
3. **Saint Jacques** : un des douze apôtres, disciples du Christ dans la religion chrétienne.
4. **Le plus fourbe** : le trompeur le plus rusé.
5. **Paroisse** : l'équivalent de la commune au Moyen Âge.

du tissu ou quelque autre chose pour remonter notre ménage[1] ?
45 Nous n'avons plus un seul vêtement correct.

GUILLEMETTE. Vous n'avez pas le moindre sou : qu'est-ce que vous pourrez bien faire ?

PATHELIN. Vous ne le savez pas, belle dame ? Si je ne vous apporte pas suffisamment de tissu pour nous deux, alors vous
50 pourrez me traiter de menteur. Quelle couleur préférez-vous ? Un gris vert ? Un bleu sombre ? Une autre couleur ? Je dois le savoir.

GUILLEMETTE. Ce que vous pourrez avoir, car celui qui emprunte ne choisit pas.

PATHELIN, *en comptant sur ses doigts.* Pour vous, deux aunes[2] et
55 demie, et, pour moi, trois et même quatre...

GUILLEMETTE. Vous comptez large. Qui diable vous fera crédit ?

PATHELIN. Qu'est-ce que ça peut bien vous faire ? On me fera crédit, pour sûr, et je ne rembourserai pas avant le jour du Jugement dernier[3].

60 **GUILLEMETTE.** Dans ce cas, c'est que vous aurez trompé quelqu'un.

PATHELIN. J'achèterai ce tissu, ou gris ou vert... en plus, pour une chemise, Guillemette, il me faut trois quarts d'aune et même une aune entière de tissu bleu.

65 **GUILLEMETTE.** Que Dieu me vienne en aide, vraiment ! Allez et n'oubliez pas de trinquer avec Martin Garant[4] si vous le rencontrez !

PATHELIN. Gardez bien la maison !

Il sort.

GUILLEMETTE. Mon Dieu ! Quel marchand va-t-il rouler ? Plaise à
70 Dieu qu'il ne s'en rende pas compte !

---

1. **Remonter notre ménage** : nous rééquiper.
2. **Deux aunes** : l'aune est une ancienne mesure de longueur, valant 1,20 m. Deux aunes font donc 2,40 m.
3. **Le Jour du Jugement dernier** : dans la religion chrétienne, Dieu jugera les hommes à la fin des temps ; Pathelin veut dire par là qu'il ne paiera jamais.
4. **Maître Garant** : personnage fictif, censé se porter « garant » d'un emprunt.

Clefs d'analyse

Clefs d'analyse

Action et personnages

1. Comment imaginez-vous le décor ? Quelles indications le dialogue donne-t-il pour que nous puissions nous en faire une idée ?

2. De quels accessoires les acteurs ont-ils besoin ?

3. Quelles relations unissent les deux personnages ? À quelle réplique apprend-on qu'ils sont mariés ?

4. Quel est le ton de cette première scène ? Les personnages apparaissent-ils comme sympathiques ? Recommandables ?

Langue

5. Comment les répliques de Guillemette répondent-elles à celles de Pathelin ? Quelles correspondances se font sentir d'une réplique à l'autre ? Et quelles oppositions ?

6. Retrouvez les termes qui appartiennent au champ lexical du droit, du monde du tribunal et de la justice.

7. Relevez également tout ce qui touche au vocabulaire technique du métier de drapier.

Genre ou thèmes

8. Au tout début d'une pièce de théâtre, dans la première scène qu'on appelle scène d'exposition, l'auteur donne au spectateur les informations essentielles pour qu'il puisse comprendre ce qui s'est passé avant que la pièce commence. Comment apparaît la situation initiale ? Comment l'auteur s'y prend-il pour capter l'attention du spectateur et lui donner envie de connaître la suite ?

9. Les allusions à la religion sont nombreuses. Sont-elles toujours respectueuses ? Que pensez-vous de tous les jurons ?

10. Les personnages évoluent dans un univers qui n'est pas le nôtre. Retrouvez les moments où ils désignent des objets ou des réalités qui n'existent plus.

11. Les deux personnages se plaignent de leur pauvreté. Pathelin reste pourtant joyeux et optimiste. Montrez-le. En quoi l'humeur de Guillemette s'oppose-t-elle à celle de son mari ?

Écriture

12. Imaginez une scène dans laquelle Guillemette s'en prend vivement à son mari qu'elle accuse de ne pas faire entrer d'argent dans le ménage. Comment Pathelin pourrait-il se défendre ?

Pour aller plus loin

13. Vous êtes décorateur et costumier. Vous devez rencontrer un metteur en scène qui souhaite donner une nouvelle représentation de *La Farce de maître Pathelin*. Rédigez une fiche descriptive pour le décor de cette première scène, et une pour le costume de Pathelin et de sa femme. Vous utiliserez un vocabulaire précis, des expansions du nom et des marqueurs spatiaux, ce qui permettra à votre interlocuteur de bien voir ce que vous avez créé, sans le support d'aucun dessin ni schéma.

14. Observez les costumes des acteurs sur les photographies de scène proposées dans ce recueil. Qu'en pensez-vous ?

> ## ✳ À retenir
>
> Autorités civiles et religieuses sont souvent raillées dans les farces. Le maire est censé avoir lu de nombreux livres pour exercer sa charge (judiciaire et civile) mais, ici, il se réfère à un **grimoire**, un « livre de sorcellerie » à moins que Pathelin ne confonde avec une **grammaire**, écrite en latin à l'époque. Plus loin, Pathelin compare justement ses compétences en latin avec celles du prêtre.

Scène 2 PATHELIN, LE DRAPIER[1] GUILLAUME JOCEAULME.

Dans la boutique du drapier.

PATHELIN, *à part.* N'est-ce pas lui, là ? Mais oui, par sainte Marie[2] ! Il est dans sa boutique. *(Au drapier, qu'il salue.)* Que Dieu soit avec vous[3] !

LE DRAPIER. Et que Dieu vous donne de la joie !

5   **PATHELIN**. Il vient de m'exaucer, car je désirais vivement vous rencontrer. Comment allez-vous ? Toujours solide et bien portant, Guillaume ?

LE DRAPIER. Oui, par Dieu !

PATHELIN. Allez, serrez-moi la main ! Comment va ?

10 **LE DRAPIER**. Bien, pour vous servir. Et vous ?

PATHELIN. Tout à votre service aussi, par saint Pierre l'Apôtre[4] ! Vous menez une vie agréable !

LE DRAPIER. Eh bien oui ! Pour autant je vous prie de croire que pour les marchands tout ne va pas toujours comme ils le

15 voudraient.

PATHELIN. Comment va le commerce ? Habille-t-il et nourrit-il encore son homme ?

LE DRAPIER. Eh mon Dieu, je ne sais pas trop bien, mon cher maître ! C'est toujours : « Hue[5], en avant ! »

---

1. **Drapier** : marchand de tissus.
2. **Sainte Marie** : voir note 2, p. 21.
3. **Que Dieu soit avec vous** : formule alors traditionnelle pour saluer les gens, leur dire bonjour.
4. **Saint Pierre** : le principal des douze apôtres du Christ, premier pape de l'Église catholique.
5. **Hue** : interjection dont on se sert pour faire avancer un cheval ; en employant ce mot, le drapier veut dire qu'il travaille beaucoup, comme un cheval de labour.

20   **PATHELIN**. Ah ! Quel homme avisé[1] était votre père – que Dieu garde son âme ! Sainte Vierge ! Vous lui ressemblez tellement qu'il me semble voir son image ! Le bon, l'habile marchand qu'il était ! De visage, par Dieu, vous êtes son vrai portrait ! Si Dieu a jamais eu pitié d'un homme, qu'Il lui accorde son éternelle miséricorde[2] !

25   **LE DRAPIER**. Amen[3]. Et qu'Il nous accorde sa miséricorde à nous aussi !

  PATHELIN. Par ma foi, il m'a souvent prédit, et par le détail, les temps que nous vivons. Je m'en suis souvent souvenu. C'était un si brave homme !

30   **LE DRAPIER**. Asseyez-vous, cher monsieur, il est bien temps de vous le dire. Voilà bien mon amabilité !

  PATHELIN, *qui ne s'assied pas*. Je suis bien ainsi. Par le Corps de Jésus-Christ... il avait...

  LE DRAPIER, *qui lui fait signe de s'asseoir*. J'insiste ! Asseyez-vous !

35   **PATHELIN**, *qui s'assied enfin*. Volontiers. Ah ! Vous verrez des choses extraordinaires, me disait-il... Ces yeux, ce nez, cette bouche, ces yeux... Jamais un enfant ne ressembla mieux à son père. Et cette fossette[4] du menton ! C'est vous, vraiment vous ! Il faudrait avoir vraiment le goût de la contradiction pour aller

40   dire à votre mère que vous n'êtes point le fils de votre père ! Sans mentir, je ne comprends pas comment la Nature a pu créer deux visages aussi semblables, exactement avec les mêmes traits. Il n'y a aucune différence entre vous deux, vous êtes le portrait tout craché de votre père ! Et la bonne Laurence, monsieur, votre jolie

45   tante, est-elle morte ?

  LE DRAPIER. Non, que diable !

  PATHELIN. Elle était belle, grande, droite, et si gracieuse, quand je l'ai connue ! Par la très sainte Mère de Dieu[5], vous vous ressem-

---

1. **Avisé** : prudent et habile.
2. **Miséricorde** : pardon.
3. **Amen** : mot latin signifiant « oui, ainsi soit-il », terminant les prières de la religion catholique.
4. **Fossette** : petit creux dans la partie charnue du menton.
5. **La très sainte mère de Dieu** : la Vierge Marie, mère de Jésus-Christ.

blez tous deux physiquement comme deux statues de neige. Ma
50   parole, il n'y a pas dans ce pays de famille où l'on se ressemble
tant. Plus je vous vois... *(Il le regarde fixement.)* plus je crois voir
votre père. Vous vous ressemblez comme deux gouttes d'eau !
Quel homme vaillant c'était ! Et bon, et sage ! Il faisait crédit à qui
le lui demandait. Que Dieu lui pardonne ! Avec moi, il avait l'habi-
55   tude de rire de très bon cœur ! Plaise au ciel que les méchants lui
ressemblent ! On ne se volerait pas, on ne dévaliserait pas les gens
comme on le fait de nos jours ! *(Il se lève et tâte une pièce de tissu.)*
Que ce drap[1] est de bonne qualité ! Moelleux, souple !

LE DRAPIER. Je l'ai fait faire avec la laine de mes propres
60   moutons.

PATHELIN. Eh bien ! Quel marchand consciencieux vous êtes !
Sinon, il est vrai, vous ne seriez pas le fils de votre père. Vous n'ar-
rêtez donc jamais, jamais, de travailler...

LE DRAPIER. Que voulez-vous ? Si on veut vivre, il faut avoir le
65   cœur[2] à l'ouvrage.

PATHELIN, *qui touche une autre pièce de tissu.* C'est de la laine
teinte ? C'est si ferme qu'on dirait du cuir de Cordoue[3].

LE DRAPIER. C'est un excellent drap de Rouen[4], je vous le certifie,
et bien préparé, bien fin et bien serré.

70 **PATHELIN**. Par la Passion de Notre Seigneur[5], je n'avais pas l'intention d'acheter du drap quand je suis venu ici. Mais je vais me laisser tenter. J'avais mis de côté quatre-vingts bons écus d'or[6] pour
rembourser un emprunt. Je vais vous en donner vingt ou trente,
car cette couleur me plaît tellement que j'en meurs d'envie.

---

1. **Drap** : tissu de laine dont les fibres sont très serrées.
2. **Il faut avoir le cœur à l'ouvrage** : il faut avoir du courage pour travailler.
3. **Cordoue** : ville d'Espagne, réputée pour la fabrication et la qualité de ses cuirs.
4. **Drap de Rouen** : ville de Normandie, Rouen était réputée pour la finesse de ses tissus.
5. **Par la Passion de Notre Seigneur** : par les souffrances et la crucifixion de Jésus-Christ.
6. **Quatre-vingts écus** : il s'agit d'une très forte somme, l'écu, en or, étant une ancienne monnaie royale.

75 **LE DRAPIER.** Des écus ? Vraiment ? Mais ceux que vous devez rembourser accepteront-ils d'être payés en simples francs[1] ?

PATHELIN. Bien sûr, si je leur propose. Pour moi toutes les monnaies se valent pourvu qu'on paie. *(Il touche une autre pièce de tissu.)* Quel est ce drap-là ? Plus je le regarde, plus j'en perds la tête.
80 Il faut absolument que je m'en fasse une cotte[2] et une pour ma femme également.

LE DRAPIER. C'est un drap extrêmement cher. Mais vous en aurez si vous le désirez. Dix ou vingt francs y passeront vite.

PATHELIN. Qu'importe le prix si c'est de la qualité ! Il me reste
85 encore quelques pièces que mes parents n'ont jamais vues[3].

LE DRAPIER. Dieu soit loué ! Ce n'est pas pour me déplaire.

PATHELIN. Cette étoffe me fait terriblement envie. Il me la faut.

LE DRAPIER. Voyons donc combien il vous en faut. Tout est à votre disposition, tout ce qu'il y a dans la pile, même si vous
90 n'aviez pas le sou.

PATHELIN. Je le sais bien et je vous en remercie.

LE DRAPIER. Cette étoffe bleu clair vous conviendrait-elle ?

PATHELIN. Allons, combien me coûtera la première aune[4] ? Dieu sera payé en premier[5], c'est normal. Voici donc un denier[6]. Ne fai-
95 sons rien sans invoquer Dieu.

LE DRAPIER. Par Dieu, vous parlez en homme de bien ! Vous m'en voyez réjoui. Voulez-vous connaître mon dernier prix ?

PATHELIN. Oui.

---

1. **En simples francs** : le franc, également en or, valait un peu moins que l'écu. Au Moyen Âge, il existait, selon les régions, plusieurs types de monnaies en circulation.
2. **Cotte** : sous-vêtement porté aussi bien par les hommes que par les femmes.
3. **Quelques pièces que mes parents n'ont jamais vues** : il faut comprendre que ces pièces n'ont jamais existé !
4. **Aune** : voir note 2, p. 23.
5. **Dieu sera payé en premier** : il était d'usage qu'avant de conclure un marché le client donne une petite pièce, souvent un denier, pour des œuvres de bienfaisance.
6. **Denier** : petite pièce de monnaie de peu de valeur.

LE DRAPIER. Chaque aune vous coûtera vingt-quatre sous[1].

100 **PATHELIN**. Ce n'est pas possible ! Vingt-quatre sous ! Sainte Vierge !

LE DRAPIER. Sur mon âme[2], c'est ce qu'il m'a coûté ! Je ne peux pas vous le laisser pour moins cher.

PATHELIN. Diable ! C'est trop !

105 **LE DRAPIER**. Vous ne savez pas comme les prix du drap ont augmenté. Tout le bétail[3] est mort cet hiver à cause du grand froid.

PATHELIN. Vingt sous ! Vingt sous !

LE DRAPIER. Je vous jure que j'en aurai ce que je dis. Attendez donc le marché de samedi[4]. Vous verrez ce que ça coûtera alors.
110 La toison[5] qu'il y avait d'habitude en grande quantité m'a coûté à la Sainte-Madeleine[6] huit blancs[7], je vous le jure ; de la laine que j'avais ordinairement pour quatre.

PATHELIN. Palsambleu[8] ! Ne discutons donc plus puisqu'il en est ainsi. J'achète. Prenez les mesures.

115 **LE DRAPIER**. Combien vous en faut-il ?

PATHELIN. C'est facile à savoir. Quelle est sa largeur ?

LE DRAPIER. Celle des draps de Bruxelles[9].

---

1. **Vingt-quatre sous** : il existait deux sortes de sous : les sous parisis (qui avaient cours à Paris) et les sous tournois (qui avaient cours à Tours). 24 sous parisis valaient un écu et demi environ, somme non négligeable.
2. **Sur mon âme** : sur le salut de mon âme ; formule dont on se servait pour attester qu'on disait la vérité.
3. **Tout le bétail** : il s'agit ici des moutons ; or, pas de moutons, pas de laine !
4. **Samedi** : le jour du grand marché.
5. **Toison** : la laine de mouton.
6. **La Sainte-Madeleine** : le 22 juillet.
7. **Blancs** : pièces en argent (donc « blanches »), un blanc valant le cinquième de l'écu.
8. **Palsambleu** : juron qui est une déformation du juron blasphématoire « par le sang de Dieu ».
9. **Draps de Bruxelles** : la largeur des tissus de Bruxelles était de deux aunes, soit 2,40 m environ.

PATHELIN. Cela fait donc trois aunes pour moi ; et pour elle – elle est grande... deux aunes et demie. Ce qui fait six aunes, n'est-ce pas ? Mais non ! Que je suis bête !

LE DRAPIER. Il manque une demi-aune pour arriver à six.

PATHELIN. J'en prendrai six pour faire un compte rond, car j'ai aussi besoin d'un chapeau.

LE DRAPIER. Tenez l'étoffe par ce bout et nous allons mesurer. *(Ils mesurent ensemble.)* Elles y sont sans problème. Un, deux, trois, quatre, cinq et six.

PATHELIN. Ventre saint Pierre ! Voilà qui est ric-rac [1] !

LE DRAPIER. Dois-je mesurer de nouveau ?

PATHELIN. Non, par mes tripes ! Quand on achète du tissu, il y a toujours un peu plus ou un peu moins. À combien se monte le tout ?

LE DRAPIER. Nous allons vite le savoir ! À vingt-quatre sous l'aune, les six font neuf francs.

PATHELIN. Hum ! Mais pour une fois... Cela fait six écus ?

LE DRAPIER. Oui, par Dieu !

PATHELIN. Alors, monsieur, voulez-vous me faire crédit jusqu'à tout à l'heure, quand vous viendrez à la maison ? *(Le drapier prend un air mécontent.)* Non, pas vraiment à crédit. Je vous paierai chez moi, en or ou en francs.

LE DRAPIER. Par Notre Dame [2], ça va me faire faire un grand détour d'aller jusque chez vous !

PATHELIN. Hé ! Par monseigneur saint Gilles [3], vous ne dites pas toute la vérité ! Un grand détour ! Dites plutôt que vous ne voulez jamais avoir l'occasion de venir boire un verre chez moi. Eh bien, cette fois, vous viendrez boire un verre.

---

1. **Ric-rac** : onomatopée signifiant que la mesure est calculée un peu juste.
2. **Par Notre Dame** : voir note 3, p. 21.
3. **Saint Gilles** : saint fantaisiste, qui passait pour le patron des escrocs !

LE DRAPIER. Par saint Jacques[1] ! Boire, mais je ne fais que ça ! Je viendrai ! Mais ce n'est pas très recommandé, vous le savez bien, de faire crédit sur la première vente de la journée.

PATHELIN. Mais si je vous règle cette première vente en écus d'or
150 et non en autre monnaie, serez-vous satisfait ? En plus, vous mangerez de l'oie[2] que ma femme est en train de rôtir.

LE DRAPIER, *à part*. Vraiment, cet homme me rend fou. *(À Pathelin.)* Bon ! Je viendrai donc ! Et je vous apporterai le tissu.

PATHELIN. Mais non ! Ça ne me gêne pas du tout de l'emporter
155 avec moi ! Là, je vais bien le caler sous le bras[3].

LE DRAPIER. Ne vous donnez pas cette peine ! Ce sera plus convenable que je vous l'apporte moi-même.

PATHELIN. Que sainte Madeleine[4] me punisse si je vous laisse cette peine ! Sous le bras, comme je l'ai dit ! Voilà. *(Pathelin se saisit*
160 *du drap qu'il met sous son bras.)* Ça va me faire une belle bosse ! Il y aura de quoi boire et de quoi manger avant que vous vous en alliez !

LE DRAPIER. Je vous prie de me donner mon argent dès mon arrivée.

165 **PATHELIN**. Évidemment ! Hé non, par Dieu ! Pas avant que vous n'ayez fait un très bon repas. Tenez, je m'en voudrais même d'avoir sur moi de quoi vous payer. Vous viendrez comme ça goûter le vin que je bois. Votre défunt père m'appelait quand il passait devant la maison. « Hé ! Compère[5] ! », criait-il. Ou bien : « Que dis-tu ? » Ou
170 encore : « Que fais-tu ? » Mais vous autres, les riches, vous ne vous souciez pas beaucoup des pauvres gens que nous sommes.

LE DRAPIER. Palsambleu[6] ! Nous sommes encore plus pauvres que vous !

---

1. **Par saint Jacques** : voir note 3, p. 22.
2. **Vous mangerez de l'oie** : l'expression « manger de l'oie » avait deux sens : au sens propre, « manger une volaille » ; et au sens figuré : « duper, tromper » !
3. **Sous le bras** : ou sous l'aisselle, ce qui signifie « en cachette ».
4. **Sainte Madeleine** : il s'agit sans doute de Marie-Madeleine, qui, dans les Évangiles, parfume les pieds de Jésus.
5. **Compère** : camarade.
6. **Palsambleu** : voir note 8, p. 30.

PATHELIN. Ouais, adieu, adieu ! Allez, venez vite, et je vous assure que nous boirons un bon coup.

LE DRAPIER. Entendu. Rentrez chez vous et payez-moi en or !

(Pathelin s'en va.)

PATHELIN. En or ? Et puis quoi encore ? En or ! Diable ! Bien sûr que je n'ai jamais manqué de payer en or ! Qu'il aille donc se faire pendre ! Son drap, il ne me l'a pas vendu à mon prix, mais au sien ! Il sera donc payé selon mon prix. De l'or ! Mais on va lui en fabriquer de l'or ! Puisse-t-il courir jusqu'au paiement complet ! Par saint Jean[1], il ferait plus de chemin que d'ici à Pampelune[2].

LE DRAPIER, *resté seul.* De toute une année, ils ne verront ni le Soleil ni la Lune[3], les écus qu'il me donnera, à moins bien sûr qu'on me les vole. Il n'est si habile client qui ne trouve vendeur plus rusé que lui. Ce trompeur-là est bien naïf ! Il m'a acheté vingt-quatre sous une aune qui n'en vaut pas vingt !

---

1. **Saint Jean** : un des douze apôtres, à qui est attribué le quatrième Évangile.
2. **Pampelune** : ville d'Espagne, alors capitale du royaume de Navarre.
3. **Ils ne verront ni le Soleil ni la Lune** : il faut comprendre que le drapier compte bien cacher ses écus.

Clefs d'analyse

Action et personnages

1. Imaginez le nouveau décor. De quels accessoires les personnages ont-ils besoin cette fois ?

2. Comment Pathelin flatte-t-il le drapier ? Comment celui-ci montre-t-il qu'il est sensible à ses compliments ?

3. Comment les personnages occupent-ils le décor ? Pathelin entre et sort de la boutique alors que le drapier demeure sur place, moins mobile. Pourquoi reste-t-il plus passif ?

Langue

4. « N'est-ce pas lui, là ? » Pathelin connaît-il le drapier ? Quels autres indices le montrent tout au long de la scène ?

5. Qui mène les débats ? Qui pose le plus de questions ? À qui appartiennent les répliques les plus longues ?

6. Comment Pathelin se moque-t-il du drapier ? Étudiez les comparaisons du début de la scène (le portrait « craché »).

Genre ou thèmes

7. Le plan d'attaque de Pathelin est-il préparé ? Ne pouvait-on pas le pressentir dès la fin de la scène précédente ? Essayez de retrouver les différentes étapes du discours de Pathelin.

8. À qui va la sympathie du spectateur ? Pourquoi ? Interrogez-vous sur ce qui rapproche le public de Pathelin, et ce qui l'éloigne du drapier.

9. Le caractère du drapier. Montrez qu'il se veut à la fois trompeur et avare.

Écriture

10. Vous voulez convaincre un camarade de classe de vous prêter son devoir de français parce que vous n'avez pas eu le temps de le préparer vous-même. Que lui direz-vous ? Imaginez vos arguments, et les siens.

11. Marchand et acheteur. Imaginez un dialogue où un marchand cherche à vendre un produit de bonne qualité. Quels seraient les arguments qu'il emploierait ? Comment convaincrait-il un acheteur hésitant ?

Pour aller plus loin

12. Faites une recherche sur l'industrie de la laine, depuis l'élevage des moutons jusqu'à la commercialisation des vêtements : où produit-on la laine ? Quelles sont les différentes sortes de laine ? Où sont-elles transformées et comment ? Quelles sont les techniques de fabrication d'un produit en laine ? Comment ces produits sont-ils diffusés et vendus ?

13. La valeur des monnaies dans la scène. Établissez les équivalences entre les différentes unités de compte utilisées par les personnages (deniers, francs, sous, blancs...).

✳ À retenir

Le spectateur peut s'amuser de ce qui est dit, de ce qui est fait, de ce qui est sous-entendu, de ce qui est exagéré, de la situation dans laquelle on se trouve, des défauts présentés, des maladresses, des bévues... Généralement, on classe les formes du comique dans les catégories suivantes, qui peuvent se cumuler : comique de mots, de gestes, de situation, de caractère et de répétition.

Clefs d'analyse

Scène 3 PATHELIN, GUILLEMETTE.

Chez Pathelin et Guillemette.

PATHELIN. Alors, en ai-je ?

GUILLEMETTE. Vous en avez quoi ?

PATHELIN. Qu'est devenue votre vieille robe ?

GUILLEMETTE. Est-il besoin d'en parler ? Que voulez-vous en
5   faire ?

PATHELIN. Rien ! Rien du tout ! Je vous le disais bien. *(Il montre le
drap.)* Est-ce bien ce tissu qu'il fallait ?

GUILLEMETTE. Sainte Vierge ! Par le salut de mon âme, vous
l'avez eu par quelque tromperie ! Dieu, qu'est-ce qui nous arrive ?
10   Hélas ! Hélas ! Qui va le payer ?

PATHELIN. Qui ? Mais il est déjà payé ! Ma chère amie, le marchand qui me l'a vendu n'est pas fou. Que je sois pendu s'il n'est
pas bien blanc comme sac de plâtre[1] ! Je l'ai bien eu, ce vilain
rusé !

15   **GUILLEMETTE**. Combien cela coûte-t-il ?

PATHELIN. Je ne dois rien ; tout est payé ; ne vous inquiétez pas !

GUILLEMETTE. Mais vous n'aviez pas le moindre sou sur vous.
Tout est payé ! Et en quelle monnaie ?

PATHELIN. Palsambleu ! De l'argent, j'en avais ! J'avais un denier
20   parisis[2] !

GUILLEMETTE. C'est du beau travail ! Une reconnaissance de
dette aura fait l'affaire ! Oui, c'est ainsi que vous avez obtenu ce
tissu ! Et, à l'échéance[3], on viendra, et, comme nous ne pourrons

---

1. **S'il n'est pas bien blanc comme sac de plâtre** : s'il n'est pas bien naïf.
2. **Un denier parisis** : un denier de Paris ; qu'il soit de Paris ou de Tours, le denier
   n'avait pas grande valeur.
3. **À l'échéance** : à la date fixée pour rembourser.

pas payer, on saisira nos biens[1], on nous prendra tout ce que nous possédons !

PATHELIN. Palsambleu ! Le tout ne m'a coûté qu'un denier !

GUILLEMETTE. *Benedicite Maria*[2] ! Un denier, un seul denier ? Comment est-ce possible ?

PATHELIN. Arrachez-moi un œil, s'il en a eu davantage. Et il pourra toujours réclamer, il n'en aura pas davantage !

GUILLEMETTE. Qui est-ce ?

PATHELIN. Un certain Guillaume, Joceaulme de son nom de famille, puisque vous voulez le savoir.

GUILLEMETTE. Mais comment avez-vous fait pour avoir ce tissu pour un denier ? À quel jeu l'avez-vous gagné ?

PATHELIN. Celui du denier à Dieu[3]. Et encore si je lui avais dit : « La main sur le pot[4] ! », rien que par ces mots j'aurais gardé mon denier. N'est-ce pas du beau travail ? Dieu et lui se partageront mon denier, si bon leur semble. Car c'est tout ce qu'ils auront. Ils auront beau chanter, crier, protester, rien n'y fera.

GUILLEMETTE. Comment a-t-il accepté de vous faire crédit, lui qui est d'ordinaire si dur en affaires ?

PATHELIN. Par sainte Marie la Belle[5] ! Je l'ai si bien flatté qu'il me l'a presque donné. Je lui ai dit que son père était un homme de grande valeur. « Ah ! lui ai-je dit, vous avez vraiment de qui tenir ! Votre famille est la plus honorable de tout le pays. » À la vérité, je suis prêt à croire en Dieu s'il n'est pas issu de la pire engeance[6], de la plus fieffée canaille[7] qui soit dans tout le royaume. « Ah ! lui disais-je, mon ami Guillaume, que vous ressemblez bien de visage

---

1. **On saisira nos biens** : on viendra prendre ce que nous possédons pour n'avoir pas remboursé nos dettes.
2. *Benedicite Maria* : début d'une prière catholique, en latin, signifiant « Bénissez Marie ».
3. **Denier à Dieu** : voir note 5, p. 29.
4. **La main sur le pot** : expression toute faite pour dire que le marché est conclu, synonyme de la formule « Tope-là ! ».
5. **Par sainte Marie la Belle** : la Vierge Marie.
6. **Engeance** : catégorie de personnes détestables.
7. **La plus fieffée canaille** : la plus parfaite canaille.

50 et de corps à votre brave homme de père ! » Dieu sait comment j'ai réussi à le flatter et à encore le flatter, tout en glissant dans mes propos des considérations sur la draperie. « Et puis, ajoutais-je, avec quelle gentillesse, quelle obligeance, il cédait ses marchandises à crédit ! C'était vous ! Vous êtes son portrait tout craché ! »

55 En réalité, on aurait arraché toutes ses dents à ce vieux marsouin[1] de défunt père, ou à son babouin[2] de fils avant de leur faire prêter ça *(Pathelin fait claquer son ongle contre ses dents[3].)* ou d'en obtenir ne serait-ce qu'une parole aimable. Mais j'ai tant et si bien parlé qu'à la fin il m'en a vendu six aunes à crédit.

60 **GUILLEMETTE**. Qui seront payées quand ? Jamais ?

PATHELIN. C'est ainsi que vous devez le comprendre. Payer ? On lui paiera le diable !

GUILLEMETTE. Vous me rappelez la fable du corbeau qui était perché sur une croix de cinq à six toises de haut et qui tenait en son

65 bec un fromage. Survient un renard, qui voit le fromage. « Comment l'aurais-je ? », se dit-il. Alors il se place au pied de la croix, sous le corbeau. « Ah ! fait-il, comme tu as le corps beau ! Comme ton chant est mélodieux ! » Entendant ainsi vanter sa voix, le corbeau ouvre sottement son bec pour chanter. Son fromage tombe à terre et

70 maître Renard le saisit à belles dents et l'emporte[4]. Vous avez fait de même pour obtenir ce drap. Vous l'avez eu à force de flatteries et de belles paroles, comme le fit Renard pour le fromage.

PATHELIN. Il doit venir manger de l'oie. Voici ce que nous allons faire. Je suis certain qu'il viendra braire[5] pour avoir tout de suite

75 son argent. J'ai imaginé un bon tour que nous allons lui jouer. Je vais m'aliter, comme si j'étais malade. Et quand il arrivera, vous lui direz : « Ah ! Parlez à voix basse ! » Et vous gémirez, la mine pâle. « Hélas ! direz-vous, voici deux mois ou six semaines qu'il est malade ! » Et s'il vous répond : « Sottises ! Il sort tout juste de chez

---

1. **Marsouin** : le mot ne désigne pas ici l'animal marin, mais un homme laid !
2. **Babouin** : le mot ne désigne pas ici un singe, mais un idiot !
3. *Pathelin [...] dents* : geste théâtral exprimant « rien du tout » !
4. **Vous me rappelez [...] l'emporte** : sous le titre « Le Corbeau et le Renard », La Fontaine (1621-1695) adaptera à son tour cette fable du Moyen Âge.
5. **Braire** : crier comme un âne.

moi ! », vous lui répondrez à votre tour : « Hélas ! Ce n'est pas le moment de plaisanter ! » Et laissez-moi ensuite lui jouer un tour de ma façon, car il n'obtiendra rien d'autre de moi !

GUILLEMETTE. Sur mon âme, je jouerai très bien mon rôle. Mais si vous vous retrouvez dans une sale affaire et que vous retombiez entre les mains de la justice, j'ai bien peur que cela ne vous coûte deux fois plus que la dernière fois !

PATHELIN. Paix ! Je sais ce que je fais. Et faites bien ce que je viens de vous dire.

GUILLEMETTE. Souvenez-vous, pour l'amour de Dieu, de ce samedi où l'on vous a mis au pilori[1] ! Vous savez bien que tout le monde vous accuse de n'être qu'un trompeur.

PATHELIN. Suffit ! Taisez-vous ! Il va venir, et nous ne prenons pas garde à l'heure. Il faut que nous gardions cette étoffe. Je vais me coucher.

GUILLEMETTE. Allez donc !

PATHELIN. Mais ne riez pas !

GUILLEMETTE. Évidemment non ! Je vais au contraire pleurer à chaudes larmes.

PATHELIN. Il nous faut tenir bon, afin qu'il ne s'aperçoive de rien.

Scène 4 LE DRAPIER.

Le drapier est seul devant sa boutique.

LE DRAPIER. Je crois qu'il est temps de boire un coup avant de partir. Mais non par saint Mathurin[2] ! Puisque je dois boire chez maître Pierre Pathelin. Et aussi manger de l'oie... Et récupérer mon argent... Ce sera toujours ça de pris, et sans ouvrir ma bourse. Je ne vendrai plus rien maintenant. Allons-y.

---

1. **Pilori** : poteau, situé en place publique, auquel on attachait les condamnés en signe d'infamie.
2. **Saint Mathurin (ou saint Mathelin)** : ce saint passait pour guérir les fous.

Clefs d'analyse

Action et personnages

1. Combien de temps s'est écoulé entre la scène 2 et la scène 3 ? Comment les thèmes et les paroles s'articulent-ils entre les deux scènes ? Le spectateur comprend-il mieux que Guillemette le sens de la première réplique (« En ai-je ? ») ?

2. Qui parle le plus dans la scène 3 ? Est-ce étonnant ? Comment Guillemette reconnaît-elle la supériorité de Pathelin en matière de parole ?

3. Comment progresse la scène 3 ? Peut-on y distinguer deux parties très différentes ?

4. Les relations qui unissent Pathelin et Guillemette varient sensiblement du début à la fin de la scène 3. Guillemette est-elle admirative ou méfiante vis-à-vis de Pathelin ? Comment Pathelin traite-t-il sa femme ?

5. Que révèle le monologue du drapier (scène 4) du caractère du personnage ?

Langue

6. Le début de la scène 3 est marqué par de nombreuses exclamations et interrogations. Pourquoi ? Quel est l'effet recherché ?

7. Dans cette même scène et dans la suivante, les emplois de verbes au futur sont assez fréquents. Repérez ces verbes. Quelles en sont les différentes valeurs ?

8. La fable « Le Corbeau et le Renard » était célèbre bien avant que La Fontaine ne la réécrive en 1668. Pourquoi Guillemette cite-t-elle cette fable ?

Genre ou thèmes

9. Pathelin révèle-t-il tout son projet à Guillemette ? Pourquoi ne le fait-il pas ? Qu'attendent alors les spectateurs ?

10. Que confirme la scène 3 des relations de Pathelin à la religion ?

11. Comment Pathelin recrée-t-il le dialogue de la scène précédente avec Guillaume ? Le récit est-il conforme à ce que le spectateur a déjà vu ?

12. Comment Pathelin prépare-t-il (met-il en scène) la séquence suivante ?

13. Qu'apprend-on des ennuis passés de Pathelin ?

Écriture

14. La Fontaine dans sa fable, comme Pathelin avec le drapier, illustre le dicton : « Tout flatteur vit aux dépens de celui qui l'écoute ». Imaginez un autre exemple de victime d'une flatterie.

15. Qu'a pu faire Pathelin pour se retrouver exposé au pilori ? Inventez un petit récit de tromperie qui tournerait mal pour lui.

Pour aller plus loin

16. Comparez la version que donne Guillemette de la fable « Le Corbeau et le Renard » avec la version de La Fontaine. Quels sont les éléments communs ? Quelles sont les différences les plus visibles ? Recherchez aussi la version qu'avait écrite Marie de France au XIIe siècle, et faites le même travail.

17. Proverbes, dictons et termes figurés sont fréquents dans la bouche des deux principaux personnages ; ils constituent un indice d'un parler populaire. Essayez de repérer ces expressions imagées et trouvez-en la signification exacte dans un dictionnaire.

✱ À retenir

Le mot « quiproquo » vient du latin *quid pro quod* qui signifie « quelque chose pour autre chose ». Il désigne un malentendu résultant d'une confusion faite entre des personnes, des situations ou sur le sens de paroles. On l'utilise très souvent au théâtre car il permet d'alimenter le comique. Il sert aussi à faire évoluer différemment l'action, ou encore à mettre en valeur certains traits de caractère.

SÉQUENCE II

Scène 1 LE DRAPIER, GUILLEMETTE.

Le drapier s'approche de la maison de Pathelin puis entre chez Pathelin et Guillemette.

LE DRAPIER, *devant la maison et appelant.* Ho ! Maître[1] Pierre !

GUILLEMETTE, *entrouvrant la porte.* Hélas ! Monsieur, pour l'amour de Dieu, si vous avez quelque chose à dire, parlez plus bas.

LE DRAPIER. Que Dieu vous garde[2], madame !

5 **GUILLEMETTE.** Plus bas !

LE DRAPIER. Eh ! Quoi !

GUILLEMETTE. Sur mon âme…

LE DRAPIER. Où est-il ?

GUILLEMETTE. Hélas ! Où doit-il être ?

10 **LE DRAPIER.** Qui ?

GUILLEMETTE. Mon maître évidemment ! Quelle blague de mauvais goût ! Où est-il ? Puisse Dieu, dans sa bonté, le savoir. Il garde la chambre. Où est-il ? Il n'en bouge pas depuis onze semaines, le pauvre martyr[3] !

15 **LE DRAPIER.** Le… Qui ?

GUILLEMETTE. Pardonnez-moi ! Je n'ose pas parler fort. Je crois qu'il se repose. Il est tellement faible, le pauvre homme !

LE DRAPIER. Qui ?

---

1. **Maître** : voir note 1, p. 21.
2. **Que Dieu vous garde** : voir note 3, p. 26.
3. **Martyr** : personne qui accepte de souffrir pour défendre une cause à laquelle elle se sacrifie.

GUILLEMETTE. Maître Pierre !

20 **LE DRAPIER**. Quoi ? N'est-il pas à l'instant venu chez moi chercher six aunes[1] de drap ?

GUILLEMETTE. Qui ? Lui ?

LE DRAPIER. Il en revient tout juste, il n'y a pas la moitié d'un quart d'heure. Payez-moi ! Diable ! Je perds beaucoup trop de 25 temps. Allons, plus de baratin, mon argent !

GUILLEMETTE. Eh ! Trêve de plaisanteries ! Ce n'est pas le moment de blaguer !

LE DRAPIER. Allons, mon argent ! Êtes-vous folle ! Il me faut mes neuf francs !

30 **GUILLEMETTE**. Ah ! Guillaume ! Il ne faut pas nous prendre pour des idiots ! Vous venez ici pour vous moquer de moi ? Allez raconter vos sornettes aux imbéciles et vous amuser avec eux !

LE DRAPIER. Je veux bien renier Dieu si je n'ai pas mes neufs francs !

35 **GUILLEMETTE**. Hélas ! Monsieur, tout le monde n'a pas envie de rire comme vous ni de bavarder.

LE DRAPIER. Parlez, je vous prie, cessez de dire n'importe quoi ; et, par pitié, faites venir maître Pierre !

GUILLEMETTE. Malheur à vous ! N'est-ce pas bientôt fini ?

40 **LE DRAPIER**. Ne suis-je pas ici chez maître Pathelin ?

GUILLEMETTE. Oui ! Que le mal de saint Mathelin[2] – que Dieu m'en garde ! – s'empare de votre cerveau ! Parlez à voix basse !

LE DRAPIER. Que le diable s'en mêle ! Je n'oserais pas le faire demander jusqu'ici ?

45 **GUILLEMETTE**. Que Dieu me protège ! Bas, vous dis-je ! Si vous ne voulez pas qu'il se réveille ?

LE DRAPIER. Comment « bas » ? Dois-je vous parler à l'oreille ? Du fond d'un puits ? Ou de la cave ?

---

1. **Aunes** : voir note 2, p. 23.
2. **Le mal de saint Mathelin** : la folie ; saint Mathelin (ou saint Mathurin) passait pour guérir les fous.

GUILLEMETTE. Mon Dieu, que vous êtes bavard ! D'ailleurs,
50 bavarder, c'est ce que vous faites toujours.

LE DRAPIER. Que le diable vous emporte, maintenant que j'y
pense ! Si vous voulez que je parle bas... Dites donc ! Je n'ai pas
l'habitude de ce genre de discussion. La vérité, c'est que maître
Pierre m'a pris six aunes de drap aujourd'hui.

55 **GUILLEMETTE**, *criant de plus en plus fort*. Eh quoi ? Allez-vous
continuer comme ça toute la journée ? C'est le diable qui s'en
mêle ! Voyons ! Comment ça : « il a pris » ? Ah, monsieur, que
l'on pende celui qui ment ! Le pauvre homme est dans un tel
état qu'il n'a pas quitté le lit depuis onze semaines ! De quelles
60 sornettes venez-vous nous rebattre les oreilles ? Est-ce bien le
moment ? Vous déciderez-vous à vous éloigner de la maison ! Par
les angoisses de Dieu, que je suis malheureuse !

LE DRAPIER. Et vous me disiez de parler bien bas ! Sainte Vierge
bénie ! Vous criez !

65 **GUILLEMETTE**. C'est vous, sur mon âme, qui me cherchez
querelle.

LE DRAPIER. Dites, afin que je m'en aille, donnez-moi...

GUILLEMETTE. Plus bas ! *(Elle recommence à crier.)* Quoi ?

LE DRAPIER. Mais c'est vous qui allez le réveiller ! Palsambleu[1] !
70 Vous parlez quatre fois plus fort que moi ! Je vous ordonne de me
payer !

GUILLEMETTE. Eh quoi ? Êtes-vous ivre ou fou, par Dieu notre
Père ?

LE DRAPIER. Ivre ? Par le reniement de saint Pierre[2], en voilà une
75 question !

GUILLEMETTE. Hélas ! Plus bas !

---

1. **Palsambleu** : voir note 8, p. 30.
2. **Par le reniement de saint Pierre** : dans les Évangiles, l'apôtre Pierre renie trois
fois le Christ en affirmant aux soldats venus arrêter ce dernier qu'il ne le connaît
pas.

LE DRAPIER. Je vous demande, madame, pour l'amour de saint Georges[1], l'argent de mes six aunes de drap.

GUILLEMETTE, *à part.* Comptez là-dessus ! *(Au drapier.)* Et à qui avez-vous remis le drap ?

LE DRAPIER. À lui-même.

GUILLEMETTE. Il est bien en état d'acheter du drap ! Hélas ! Il ne bouge pas. Il n'a nul besoin de se faire tailler une robe[2]. Jamais il n'en portera plus, sinon une blanche[3], et il ne partira d'ici que les pieds devant[4] !

LE DRAPIER. Le mal a donc commencé au lever du soleil car, j'en suis sûr, c'est bien à lui que j'ai parlé.

GUILLEMETTE. Comme vous avez la voix forte ! *(D'une voix perçante.)* Parlez plus bas, par pitié !

LE DRAPIER. C'est vous, en vérité, qui... nom d'un chien... Palsambleu ! Que de complications ! Si on me payait je m'en irais ! *(À part.)* Par Dieu, chaque fois que j'ai fait crédit, je n'ai jamais rien récolté d'autre que des ennuis.

---

1. **Saint Georges** : martyr chrétien.
2. **Robe** : le mot désignait alors aussi bien un vêtement féminin qu'un vêtement d'homme.
3. **Une blanche** : allusion au linceul, un tissu blanc, dans lequel on enveloppait les morts.
4. **Il ne partira d'ici que les pieds devant** : il ne partira d'ici que lorsqu'il sera mort, transporté dans un cercueil, donc « les pieds devant ».

Clefs d'analyse

Action et personnages

1. Quelle image Guillemette donne-t-elle de Pathelin ? Relevez les termes dont elle se sert pour décrire son état.

2. Qui domine ce dialogue ? Y a-t-il un personnage plus fort que l'autre ? Relevez les insultes dont Guillemette accable le drapier.

3. Comment la religion est-elle invoquée (multiples évocations de Dieu, du diable…) ? Faites la liste des expressions à caractère religieux.

4. Qu'indiquent les jeux de scène, les « Parlez fort » ou « Parlez bas » ? Comment Guillemette joue-t-elle son jeu ? Ses incohérences inquiètent-elles le drapier ? Comment s'en tire-t-elle alors ?

5. L'argent et le dîner, autant de promesses non tenues : comment le drapier rappelle-t-il ses difficultés à Guillemette ?

Langue

6. Comment Pathelin est-il nommé par les personnages ? Relevez les pronoms et les expressions qui le désignent sous forme de périphrase.

7. Du début de la scène à sa conclusion, le drapier s'énerve progressivement : comment son état d'esprit change-t-il ? Comment le personnage montre-t-il son exaspération ? Fait-il des concessions ?

8. La scène entière n'est que bavardage et plaisanterie, mensonges et paroles fausses. Relevez tout ce qui sert à décrire le langage.

9. Relever les verbes de la scène à l'impératif. Quels autres procédés utilisent les personnages pour donner des ordres ? Ces injonctions sont-elles suivies d'effets ?

Genre ou thèmes

10. Comment se développe l'affrontement entre les personnages ? Quels sont les différents sujets de discussion ?

11. En quoi la scène est-elle théâtrale ? Comment imaginez-vous les gestes des personnages ? Comment la pièce doit-elle être disposée ? Pensez-vous que Pathelin doit entendre la dispute ? Les spectateurs voient-ils Pathelin dans son lit ?

Écriture

12. Imaginez que Pathelin entende toute la scène. Quelles réflexions ferait-il ? Quelle serait son opinion sur le drapier ? Et sur le jeu auquel se prête sa femme ?

13. Connaissant la réputation de trompeur de Pathelin, le drapier est venu avec un huissier : quelles sont alors les réactions de Guillemette ?

Pour aller plus loin

14. Comment étaient disposées la plupart des maisons au Moyen Âge ? Comment étaient-elles meublées ? Faites des recherches pour dresser la liste des objets et du mobilier, mais aidez-vous du texte pour en trouver les premiers éléments.

15. « Parler haut ou parler bas » signifie moduler sa voix. Attribuez à chacune des répliques de la scène une note de puissance vocale, du plus faible (murmure : 1) au plus fort (cri : 10). Essayez ensuite de lire (ou de jouer) le début de la scène en tenant compte des notes que vous avez attribuées.

> ## ✳ À retenir
>
> Au théâtre, les personnages se parlent en échangeant des répliques. C'est leur dialogue qui provoque l'action. Un aparté est une réplique que l'autre personnage n'est pas censé entendre ; il est destiné au seul public qui devient alors complice du jeu. Les didascalies (en italique) sont des indications destinées à la mise en scène ; elles sont données par l'auteur ou (comme ici) ajoutées par l'éditeur.

Scène 2 LE DRAPIER, GUILLEMETTE, PATHELIN.

PATHELIN, *appelant depuis sa chambre.* Guillemette ! Un peu d'eau de rose[1] ! Redressez-moi ! Relevez les coussins dans mon dos ! Fichtre ! À qui je parle ? Le pot à eau ! À boire ! Frottez-moi la plante des pieds !

5 **LE DRAPIER.** Je l'entends là.

GUILLEMETTE. Bien sûr !

PATHELIN. Ah ! Méchante, viens ici ! T'avais-je dit d'ouvrir ces fenêtres ? Viens me couvrir ! Chasse ces gens tout en noir. Marmara ! Marmara ! Carimari ! Carimara[2] ! Emmenez-les loin de
10 moi, emmenez-les !

GUILLEMETTE, *lui répondant.* Qu'y a-t-il ? Comme vous vous agi-tez ! Êtes-vous devenu fou ?

PATHELIN. Tu ne sais pas ce que je ressens. Voilà un moine noir qui vole. Attrape-le ! Passe-lui une étole[3] ! Passe-la au chat, au
15 chat[4] ! Comme il grimpe au mur !

GUILLEMETTE. Eh, qu'est-ce que cela veut dire ? N'avez-vous pas honte ? Eh, par Dieu, vous remuez trop !

PATHELIN. Ces médecins m'ont tué avec toutes ces drogues qu'ils m'ont fait boire. Et on dit qu'on doit leur faire confiance ! Ils nous
20 manipulent comme des pantins !

GUILLEMETTE, *faisant signe au drapier d'avancer vers Pathelin.* Hélas ! Venez le voir, cher monsieur, il est au plus mal.

---

1. **Eau de rose** : eau utilisée pour faire revenir à eux les gens qui s'évanouissaient.
2. **Marmara ! Carimari ! Carimara !** : formules magiques censées éloigner le diable, les « gens tout en noir ».
3. **Étole** : bande d'étoffe que le prêtre porte durant la messe et d'autres cérémonies du culte catholique ; on la posait aussi sur les épaules des fous pour les guérir de leur folie.
4. **Chat** : l'animal était considéré comme une créature diabolique.

LE DRAPIER. Vraiment, il est malade, depuis qu'il est revenu de la foire ?

25 **GUILLEMETTE**. De la foire ?

LE DRAPIER. Par saint Jean[1], oui ! Je suis certain qu'il y est allé. Du drap que je vous ai donné à crédit ! Il me faut mon argent, maître Pierre !

PATHELIN. Ah ! Maître Jean[2], j'ai chié deux petites crottes noires,
30 plus dures que de la pierre, rondes comme des pelotes. Prendrai-je encore un clystère[3] ?

LE DRAPIER. Qu'est-ce que j'en sais ! Et qu'est-ce que cela peut bien me faire ? Il me faut neuf francs ou six écus.

PATHELIN. Ces trois morceaux noirs et pointus, ce sont bien des
35 pilules[4] ? Ils m'ont abîmé les mâchoires ! Par Dieu, ne m'en faites plus prendre ! Maître Jean, ils m'ont fait tout vomir. Ah, il n'y a rien de plus amer !

LE DRAPIER. Mais non ! Par l'âme de mon père, vous ne m'avez pas rendu mes neuf francs !

40 **GUILLEMETTE**. Qu'on pende par le cou les gens aussi insupportables ! Allez-vous en, par tous les diables, puisque c'est impossible au nom de Dieu !

LE DRAPIER. Par le Dieu qui me fit naître, j'aurai mon drap avant de partir, ou mes neuf francs !

45 **PATHELIN**. Et mon urine, ne vous dit-elle point que je vais mourir ? Au nom de Dieu, même si je dois souffrir longtemps, faites que je ne meure pas !

GUILLEMETTE, *au drapier*. Allez-vous en ! N'avez-vous pas honte de lui casser ainsi la tête !

---

1. **Par saint Jean** : voir note 1, p. 33.
2. **Maître Jean** : Pathelin fait semblant de ne pas reconnaître le drapier et de le prendre pour un autre.
3. **Clystère** : lavement.
4. **Morceaux noirs et pointus [...] pilules** : d'après la forme de ces objets, Pathelin a dû prendre des suppositoires pour des pilules.

50   **LE DRAPIER**. Que notre Seigneur s'en fâche ! Mes six aunes de drap, tout de suite ! Pensez-vous que ce soit normal, selon vous, que je les perde ?

PATHELIN. Si vous pouviez ramollir ma merde, maître Jean ! Elle est si dure que c'est insupportable quand elle me sort du derrière.

55   **LE DRAPIER**. Il me faut neuf francs tout rond, car, par la volonté de saint Pierre de Rome[1]…

GUILLEMETTE. Hélas ! Comme vous torturez cet homme ! Comment pouvez-vous être si dur ? Vous voyez bien qu'il croit que vous êtes médecin. Hélas ! Le pauvre chrétien est assez mal-

60   chanceux comme ça : depuis onze semaines, il est là, sans bouger, le pauvre homme !

LE DRAPIER. Palsambleu, je ne sais comment cela lui est arrivé, car j'ai eu sa visite aujourd'hui même et nous avons discuté affaire ensemble. C'est du moins ce qu'il me semble, ou alors je ne sais

65   pas ce qui se passe.

GUILLEMETTE. Par Notre Dame, mon doux maître, vous n'avez pas bonne mémoire : sans faute, si vous m'en croyez, vous irez prendre un peu de repos. Beaucoup de gens pourraient dire que vous venez ici pour me voir. Partez donc ! Les médecins vont venir

70   d'un instant à l'autre…

LE DRAPIER. Peu m'importent les médisances ! Car moi je ne pense pas à mal. *(À part.)* Sacrebleu, en suis-je réduit à ça ? *(À Guillemette.)* Par la tête de Dieu, moi qui croyais…

GUILLEMETTE. Quoi encore ?

75   **LE DRAPIER**. Et vous n'avez pas d'oie au feu ?

GUILLEMETTE. La belle question ! Ah ! Monsieur, ce n'est pas là de la nourriture pour malade. Mangez vos oies sans venir nous montrer vos grimaces ! Par ma foi, vous êtes vraiment sans-gêne !

LE DRAPIER. Je vous prie de me pardonner pour tout cela, car je

80   pensais vraiment…

GUILLEMETTE. Encore ?

LE DRAPIER. Par le Saint Sacrement[2], adieu !

---

1. **Saint Pierre de Rome** : voir note 4, p. 26.
2. **Le Saint Sacrement** : l'Eucharistie, dans la religion catholique.

Scène 3 LE DRAPIER.

Il s'éloigne un peu.

LE DRAPIER. Oui-da[1], maintenant je vais savoir. Je sais bien que je dois avoir six aunes de drap d'un seul tenant. Mais cette femme m'embrouille complètement les idées. Il les a pourtant prises... Mais non ! Par Dieu, les faits ne concordent pas. J'ai vu la Mort qui vient le piquer. Ou alors il joue la comédie ! Et pourtant si ! Il les a prises, oui, et mises sous son bras, par sainte Marie la Belle ! Mais non ! Je ne sais pas si je rêve : je n'ai pourtant pas l'habitude de donner mes draps ni quand je dors ni quand je veille. À personne, pas même à mon meilleur ami, je n'aurais donné du drap en faisant crédit... Palsambleu, il les a emportées ! Morbleu ! Non ! J'en suis sûr ! Non ! Mais où en suis-je ? Mais si, il les a prises ! Par le sang de Notre Dame, que soit damné, corps et âme, et moi avec, celui qui saurait dire qui a raison ou qui a tort, d'eux ou de moi ! Je n'y vois goutte[2] !

Scène 4 GUILLEMETTE, PATHELIN, LE DRAPIER.

Chez Pathelin.

PATHELIN. Est-il parti ?

GUILLEMETTE. Chut ! J'écoute ! Il marmotte[3] je ne sais quoi. Il part en grommelant si fort qu'on dirait qu'il délire !

PATHELIN. N'est-il pas temps de me lever ! Comme il est arrivé juste au bon moment !

GUILLEMETTE. Je ne sais s'il ne reviendra pas. *(Pathelin commence à se lever.)* Non, que diable ! Ne bougez pas encore ! Nous serions perdus s'il vous trouvait debout !

---

1. **Oui-da** : formule renforcée de « oui ».
2. **Je n'y vois goutte** : je n'y comprends rien.
3. **Marmotter** : grommeler.

PATHELIN. Par saint Georges[1] ! Comme il est bien tombé dans le
panneau, lui d'habitude si méfiant !

GUILLEMETTE. Jamais le lard et les pois ne sont si bien passés[2]
chez une canaille aussi propre à rien ! Fichtre ! Lui qui ne faisait
jamais l'aumône le dimanche ! *(Elle rit.)*

PATHELIN. Par Dieu, cesse de rire ! S'il revenait, il pourrait nous
faire beaucoup de tort. Et je suis convaincu qu'il va revenir.

GUILLEMETTE. Ma foi, se retienne de rire qui voudra, moi j'en
suis incapable ! *(Elle continue de rire pendant qu'on entend le drapier dans sa boutique.)*

LE DRAPIER. Par le saint Soleil et ses rayons, je retournerai, quoi
qu'on en dise, chez cet avocat d'eau douce. Eh ! Dieu ! Comme il
sait racheter les rentes que ses parents ou parentes avaient vendues[3] ! Par saint Pierre, il a mon drap, ce sale trompeur ! Je le lui ai
remis ici même.

GUILLEMETTE, *chez Pathelin*. Quand je pense à la grimace qu'il
faisait en vous regardant, je ris ! Il était si acharné à réclamer son
dû. *(Elle rit toujours.)*

PATHELIN. Paix, maintenant, sotte rieuse ! Je renie Dieu…. que
jamais je ne le fasse ! S'il vous entendait, mieux vaudrait nous
enfuir ! Il est si coriace !

---

1. **Saint Georges** : martyr chrétien.
2. **Jamais le lard et les pois ne sont si bien passés** : expression pour dire qu'on a fait
avaler n'importe quoi à quelqu'un.
3. **Comme il sait […] vendues** : allusion à ce que lui avait dit Pathelin à la scène 2
de la séquence I.

Clefs d'analyse

Action et personnages

1. Comment passe-t-on de la scène 1 à la scène 2 ?
   Quelles répliques de la scène 1 préparent le drapier à la vision de Pathelin ? Comment Guillemette s'y prend-elle pour dresser un portrait à la fois visuel et sonore de Pathelin ?

2. Quelle est l'utilité de la scène 3 ? Pourquoi le drapier est-il le seul personnage de la pièce à s'exprimer dans des monologues ?

3. Scène vécue et scène rejouée : qu'est-ce que la scène 4 reprend des scènes 2 et 3 qui précèdent ? Et quelles sont les allusions à des scènes antérieures ?

4. Quel est le plus prudent de Pathelin et de Guillemette ? Comment leurs rôles s'échangent-ils au cours de la scène 4 ?

5. Montrez que les personnages continuent à faire varier le ton et l'intensité de leurs voix dans la scène 4.

Langue

6. Relevez les termes du vocabulaire de la médecine dans la scène 2 : maladies, soins, médicaments… Pourquoi sont-ils si nombreux ?

7. Quelle est l'obsession du drapier ? Comment y revient-il sans cesse ? Quel est l'effet produit par ces répétitions ? Sur le personnage lui-même ? Et sur le spectateur ?

8. Relevez les nombreux jurons et insultes. Pourquoi le vocabulaire concret est-il si souvent utilisé ?

Genre ou thèmes

9. Quel effet produit l'abondance de mots grossiers dans la scène 2 ? Pourquoi trouve-t-on tant d'allusions au corps ?

10. Un personnage est la victime comique du jeu des deux autres. Quelles marques de complicités trouve-t-on entre Pathelin et Guillemette ?

11. En quoi les agitations gestuelles de Pathelin sont-elles comiques ? Celles de Guillemette ? Celles du drapier ?

12. Quel type de regard le spectateur porte-t-il sur la scène ?
    Est-ce important qu'il voie tous les personnages à la fois ?
    Comment anticipe-t-il la suite de la pièce ?

13. Malgré tout, les personnages sont-ils à égalité devant le
    spectateur ? Pourquoi le drapier est-il toujours la victime ?
    Qu'est-ce qui rapproche le spectateur de Guillemette ?

Écriture

14. Réécriture de la scène 3 : au lieu de s'exprimer dans un
    monologue, le drapier raconte à un collègue marchand ce
    qui vient de lui arriver. L'autre tente de débrouiller l'histoire.
    Racontez.

15. Inventez un dialogue entre un personnage inquiet et un
    personnage sûr de lui.

Pour aller plus loin

16. Imaginez précisément les cris et les gestes des personnages
    en vue d'une mise en scène de cette partie de la pièce.
    Que reflètent exactement ces mouvements ?

17. La maladie et la médecine au Moyen Âge. Intéressez-vous à la
    formation des médecins à cette époque : comment devient-on
    médecin ? Comment soigne-t-on ? Quelle est la réputation de
    cette profession ?

✳ À retenir

La pièce n'est pas caractérisée par son réalisme. Au
contraire, la réduction du nombre de personnages et la
caricature des faits sont dues au resserrement farcesque,
à une dramaturgie qui fonctionne sur l'économie de
moyens et sur une volonté de faire beaucoup avec peu
de choses. Mais les effets comiques et dramatiques
restent considérables, ce qui prouve l'efficacité des
farces.

Scène 5 GUILLEMETTE, PATHELIN, LE DRAPIER.

LE DRAPIER, *dans la rue, devant chez Pathelin.* Cet avocat raté à trois leçons et trois psaumes[1] prend-il les gens pour des guillaumes[2] ? Par Dieu, il est aussi digne d'être pendu qu'un sou d'être ramassé. Il a mon drap ou je renie Dieu ! Il m'a bien roulé !
5 *(Il frappe à la porte et appelle Guillemette.)* Holà ! Où êtes-vous fourrée ? *(Guillemette et Pathelin parlent tout bas.)*

GUILLEMETTE. Ma parole ! Il m'a entendue ! Il est probablement fou de rage.

PATHELIN. Je vais faire semblant de délirer. Allez ouvrir !
10 *(Guillemette, riant toujours, va ouvrir la porte. Le drapier entre.)*

GUILLEMETTE. Comme vous criez !

LE DRAPIER. Mais, par Dieu, vous riez ! Allez, mon argent !

GUILLEMETTE. Sainte Marie ! De quoi croyez-vous que je rie ? Personne n'est plus triste que moi ! Il se meurt. Jamais vous n'avez
15 entendu une telle tempête ni vu une telle agitation. Il est encore en train de délirer : il délire, il chante, il s'embrouille dans toutes sortes de langages, il bredouille. Il n'en a plus que pour une demi-heure. Sur mon âme, je ris et je pleure à la fois.

LE DRAPIER. Je ne sais ce que veulent dire ces rires et ces pleurs ;
20 mais, pour être bref, payez-moi !

GUILLEMETTE. Eh quoi, êtes-vous fou ? Recommencez-vous vos bêtises ?

---

1. **À trois leçons et trois psaumes** : allusion à une très courte prière que l'on faisait à la Vierge ; c'est ici une manière de dire que cet avocat est de piètre valeur.
2. **Guillaumes** : employé comme nom commun, « guillaume » était une insulte, à peu près synonyme d' « imbécile ». Le comique vient ici de ce que le drapier se prénomme Guillaume !

LE DRAPIER. Je n'ai pas l'habitude d'être payé avec de tels mots quand je vends du drap. Voulez-vous me faire prendre des vessies 25 pour des lanternes[1] ?

PATHELIN *se mettant à délirer*. Vite debout ! La reine des guitares ! Qu'on me l'amène tout de suite. Je sais qu'elle a accouché de vingt-quatre petites guitares, enfants de l'abbé d'Yverneaux[2]. Je dois être son compère[3].

30 **GUILLEMETTE**. Hélas, pensez à Dieu le Père, mon ami, plutôt qu'aux guitares !

LE DRAPIER. Quelles sornettes racontez-vous là ? Allons vite ! Qu'on me paie, en écus ou en deniers, le drap que vous m'avez pris !

35 **GUILLEMETTE**. Diable ! Cela ne vous suffit donc pas de vous être trompé une fois ?

LE DRAPIER. Savez-vous ce qu'il en est, ma belle amie ? Que Dieu m'aide… Moi, me tromper ? Il faut me payer ou il sera pendu… Quel tort je vous fais en venant vous réclamer mon dû ? Car, par 40 la volonté de saint Pierre de Rome…

GUILLEMETTE. Hélas ! Comment pouvez-vous tourmenter ce malheureux ? C'est sûr, je le vois bien à votre visage : vous n'avez pas tout votre bon sens. La pauvre pécheresse que je suis vous le dit, si j'avais de l'aide, je vous ligoterais ! Vous êtes complètement 45 fou !

LE DRAPIER. Hélas ! J'enrage de ne pas avoir mon argent !

GUILLEMETTE. Hélas ! Quelle bêtise ! Signez-vous ! *Benedicite*[4] ! Faites le signe de croix ! *(Elle-même se signe.)*

---

1. **Prendre des vessies pour des lanternes** : gober n'importe quoi, croire des choses absurdes.
2. **Yverneaux** : petite ville où se trouvait une abbaye réputée, fondée en 1226 (aujourd'hui en Seine-et-Marne).
3. **Compère** : le mot possède alors deux sens, celui d'ami et celui de parrain (de baptême) d'un enfant par rapport aux parents. Les deux sens peuvent ici s'additionner.
4. **Benedicite :** voir note 2, p. 37.

LE DRAPIER. Eh bien ! Je renie Dieu si de toute l'année je vends
50 du drap à crédit ! Quel malade !

PATHELIN, *en dialecte limousin*[1] :
    Mère de Dieu, la coronade
    Par ma fye, y m'en vuol anar,
    Or regnie biou, oultre la mar !
55   Ventre de Diou, z'en dis gigone

(Il désigne le drapier.)
    Çastuy ça rible et res ne done.
    Ne carrilaine ! fuy ta none !
    Que de l'argent il ne me sone[2] !

(Au drapier.)

Avez-vous compris, cher cousin ?

60 **GUILLEMETTE**. Il a eu un oncle limousin, qui était frère de sa
belle-tante. C'est ce qui le fait évidemment jargonner en limousin.

LE DRAPIER. Diable ! Il s'en est allé en douce avec mon drap sous
le bras.

PATHELIN, *en dialecte picard*[3] :
65   Venez ens, doulce damiselle.
    Et que veult ceste crapaudaille ?
    Alez en arrière, merdaille !

(Il s'enveloppe dans sa couverture.)
    Sa ! tost ! je vueil devenir prestre.
    Or sa ! que le diable y puist estre,
70   En chelle vielle presterie !
    Et faut-il que le prestre rie
    Quant il deüst chanter sa messe[4] ?

---

1. **En dialecte limousin** : dans la langue de la région de Limoges ; le français n'était
pas alors parlé dans toute la France.
2. **Traduction approximative** : « Mère de Dieu, la couronnée ! Ma foi, je veux m'en
aller, je renie Dieu, outre-mer ! Ventre de Dieu ! Je dis flûte ! Celui-là vole et ne
donne rien. Ne carillonne pas ! Fais ton somme ! Qu'il ne me parle pas d'argent ! »
3. **Picard** : de Picardie.
4. **Traduction** : « Entrez, chère demoiselle. Mais que veut ce tas de crapauds ?
Arrière, merdaille ! Vite ! Je veux devenir prêtre. Allez, que le diable reste dans ce
vieux nid de prêtres ! Faut-il que le prêtre rie quand il devrait chanter la messe ? »

GUILLEMETTE. Hélas ! Hélas ! Son heure est venue : il lui faut les derniers sacrements[1] !

75 **LE DRAPIER**. Mais comment parle-t-il couramment picard ? D'où cela lui vient-il ?

GUILLEMETTE. Sa mère était de Picardie, et c'est pour cela qu'il parle picard maintenant.

PATHELIN. D'où viens-tu, masque de carnaval ? (*Il continue en*
80 *flamand[2].*)

Vuacarme, liefe gode man ;
Etlbelic beq igluhe golan ;
Henrien, henrien, consegalen ;
Ych salgneb need que maignen ;
85 Grile grile, scohehonden ;
Zilop zilop en mon que bouden ;
Disticlien unen desen versen ;
Mat groet festal ou truit denhesen ;
En vuacte vuile, comme trie !
90 Cha ! a dringuer ! je vous en prie ;
Quoy act semigot yaue,
Et qu'on m'y mette ung peu d'ëaue !
Vuste vuille, pour le frimas[3].

Faites tout de suite venir le père Thomas, qui me confessera.

95 **LE DRAPIER**. Qu'est-ce que cela ? Quand va-t-il cesser de parler dans toutes ces langues ? Si seulement il me donnait une garantie ou mon argent, je m'en irais.

---

1. **Les derniers sacrements** : l'extrême-onction que dans la religion catholique le prêtre administre à un mourant.
2. **Flamand** : de Flandre (ici française).
3. **Traduction** : « Hélas ! Cher brave homme, je connais heureusement plus d'un livre ! Henri, ah, Henri ! Viens dormir. Je vais être bien armé ! Alerte, alerte ! Trouvez des bâtons ! Course, course ! Une nonne ligotée ! Des distiques garnissent ces vers. Mais un grand festoiement épanouit le cœur. Ah, attendez un instant ! Il vient une tournée de rasades. Allons à boire ! Je vous en prie ! Viens seulement, regarde seulement ! Un don de Dieu ! Et qu'on m'y mette un peu d'eau ! Différez un instant à cause du frimas ! »

GUILLEMETTE. Par la Passion du Christ[1] ! Malheureuse que je suis ! Vous êtes un homme bien bizarre ! Que voulez-vous ? Je ne comprends pas votre entêtement !

PATHELIN *en anglo-normand*[2] :

Or cha ! Renouart au tiné !
Bé dea, que ma couille est pelouse !
El semble une cate pelouse,
Ou a une mousque a mïel.
Bé ! parlez a moy, Gabrïel.
Les play's Dieu ! Qu'esse qui s'ataque
A men cul ? Esse ou une vaque,
Une mousque, ou ung escarbot ?
Bé dea ! j'é le mau saint Garbot !
Suis-je des foureux de Baieux ?
Jehan du Quemin sera joyeulz,
Mais qu'i'sache que je le see.
Bee ! par saint Miquiel, je beree
Voulentiers a luy une fes[3] !

LE DRAPIER. Comment peut-il avoir la force de parler autant ? Ah ! Il devient fou !

GUILLEMETTE. Son maître d'école était normand. C'est pourquoi, sur sa fin, il se souvient de cette langue. Il se meurt.

LE DRAPIER. Ah, par sainte Marie, voilà l'histoire la plus délirante à laquelle j'aie jamais été mêlé ! Jamais je n'aurais pensé qu'il n'est pas allé aujourd'hui à la foire !

GUILLEMETTE. Vous croyiez vraiment qu'il y était allé ?

---

1. **Par la Passion du Christ** : voir note 5, p. 28.
2. **Anglo-normand** : dialecte français, parlé en Angleterre au Moyen Âge.
3. **Traduction** : « Allez donc ! Renouard à la massue ! Bé ! Diable ! Que ma couille est velue ! Elle ressemble à une chenille poilue ou à une mouche à miel ! Bé ! Parlez-moi, Gabriel ! Par les plaies de Jésus-Christ, qu'est-ce qui s'attaque à mon cul ? Est-ce une vache, une mouche ou un bousier ? Bé ! Diable ! J'ai le mal de sain Garbot. Suis-je parmi les foireux de Bayeux ? Jean du Chemin sera joyeux, pourvu qu'il sache que je le sais. Bé ! Par saint Michel, je boirais volontiers une fois à sa santé ! »

125 **LE DRAPIER**. Par saint Jacques, oui ! Mais je vois bien que ce n'est pas vrai.

PATHELIN. Est-ce un âne que j'entends braire ? *Il continue en mauvais français et en breton*[1] :

> Alast ! alast ! cousin a moy,
> ilz le seront, en grant esmoy,
130 > le jour quant je ne te verré.
> Il couvient que je te herré,
> car tu m'as fait grant trichery ;
> ton fait, il sont tout trompery[2].
> Ha oul danda oui en ravezeie
135 > corfha en euf[3].

GUILLEMETTE. Que Dieu vous aide !

PATHELIN, *toujours en breton* :

> Huis oz bez ou dronc nos badou
> digaut an tan en hol madou
140 > empedif dich guicebnuan
> quez queuient ob dre douch aman
> men ez cahet hoz bouzelou
> eny obet grande canou
> maz rehet crux dan hol con
145 > so ol oz merueil grant nacon
> aluzen archet epysy
> har cals amour ha courteisy[4].

---

1. **Il continue en mauvais français et en breton** : les Bretons avaient leur propre langue et faisaient donc des fautes lorsqu'ils parlaient français.
2. **Traduction** : « Qu'il parte ! Qu'il parte ! Mon cousin ! Ils seront dans une grande inquiétude le jour où je ne te verrai pas ! Il est juste que je te haïsse car tu m'as fait une grande tromperie. »
3. **Traduction** : « Puisse-t-il être tout entier au diable, corps et âme ! »
4. **Traduction** : « Puissiez-vous passer une mauvaise nuit, avoir des saisissements, par suite de l'incendie de vos biens ! Je vous souhaite à tous, sans exception, vous tous qui êtes ici, que vous rendiez une pierre de vos entrailles, en faisant du bruit et des lamentations, au point que vous fassiez pitié aux chiens qui meurent vraiment de faim. Tu auras l'aumône d'un cercueil, et beaucoup d'amour et de courtoisie. »

LE DRAPIER. Hélas ! Pour l'amour de Dieu, veillez sur lui ! Il se meurt ! Comme il gargouille ! Mais diable, qu'est-ce qu'il baragouine ? Sainte Dame, comme il marmonne ! Par le corps de Dieu, c'est le cri du canard ! Les mots sont incompréhensibles. Il ne parle ni chrétien ni dans une autre langue intelligible.

GUILLEMETTE. La mère de son père était originaire de Bretagne. Il se meurt ! Cela nous apprend que nous devons veiller aux derniers sacrements[1].

PATHELIN, *en dialecte lorrain* :
    Hé, par saint Gigon, tu te mens.
    Voit a Deu ! couille de Lorraine !
    Dieu te mette en bote sepmaine !
    Tu ne vaulx mie une vielz nate ;
    va, sanglante bote savate ;
    va foutre ! va, sanglant paillart !
    Tu me refais trop le gaillart.
    Par la mort bieu ! Sa ! vien t'en boire,
    et baille moy stan grain de poire,
    car vrayment je le mangera
    et, par saint George, je bura
    a ty. Que veulx tu que je die ?
    Dy, viens tu nient de Picardie ?
    Jaques nient se sont ebobis[2].

(Il termine sa réplique en bon latin.)
    Et bona dies sit vobis,
    magister amantissime,
    pater reverendissime.
    Quomodo brulis ? Que nova ?
    Parisius non sunt ova ;
    quid petit ille mercator ?

───────────────────────────

1. **Derniers sacrements** : voir note 1, p. 58.
2. **Traduction** : « Hé ! Par saint Gigon, tu te trompes ! Qu'il aille à Dieu, couille de Lorraine ! Que Dieu te mette en mauvaise semaine ! Tu ne vaux pas un vieux con ! Va, sale vieille savate ! Va, maudit paillard ! Tu fais trop le malin ! Morbleu, viens-t'en boire ! Et donne-moi ce grain de poivre ! Car vraiment il le mangera et, par saint Georges, il boira à ta santé ! Que veux-tu que je dise ? Dis, ne viens-tu pas de Picardie ? Les Jacques ne s'étonnent de rien. »

180

Dicat sibi quod trufator,
ille qui in lecto jacet,
vult ei dare, si placet,
de oca ad comedendum.
Si sit bona ad edendum,
pete tibi sine mora[1].

GUILLEMETTE. Je le jure, il va mourir tout en parlant. Comme il bave ! Voyez comme il prie Dieu à voix haute, en latin ! Elle se ter-
185 mine, sa vie humaine ! Et moi, je resterai, pauvre et malheureuse !

LE DRAPIER, *à part*. Il serait bon que je parte avant qu'il ne meure. *(À Guillemette.)* Je crois qu'il ne voudrait pas, en ma pré-sence, vous révéler avant sa mort certains secrets intimes, s'il en a. Je vous demande pardon ! Je vous le jure, sur mon âme, je croyais
190 qu'il avait mon drap. Adieu, madame ! Pour l'amour de Dieu, qu'on me pardonne !

GUILLEMETTE. Je vous souhaite d'avoir un jour votre place au paradis, et moi aussi, pauvre malheureuse !

LE DRAPIER, *s'en allant*. Par la noble Vierge Marie, jamais je ne
195 fus si ahuri ! Le diable a pris sa place et m'a dérobé mon drap pour me tenter. *Benedicite* ! Puisse-t-il ne jamais avoir ma personne ! Et, puisqu'il en est ainsi, mon drap, j'en fais cadeau, pour l'amour de Dieu, à celui qui me l'a pris.

---

1. **Traduction** : « Bonjour à vous, maître bien-aimé, père très vénéré ! Comment fais-tu ? Qu'y a-t-il de nouveau ? Il n'y a pas d'œufs à Paris. Que demande ce marchand ? Il nous a dit que le trompeur, celui qui est couché au lit, veut lui donner, s'il lui plaît, de l'oie à dîner. Si elle est bonne à manger, demandes-en sans tarder ! »

Clefs d'analyse

Action et personnages

1. Comment la scène se déroule-t-elle ? Les personnages sont-ils statiques ? Quels sont les mouvements du drapier ? Ceux de Guillemette ? Pensez-vous que Pathelin reste immobile dans son lit ?

2. À quel moment de la pièce se passe la scène ? Pourquoi ce passage extraordinaire se trouve-t-il juste au milieu de la farce ?

3. Qu'apprend-on sur la famille de Pathelin ? N'est-il pas au croisement de différentes provinces de France ? Où sont-elles situées géographiquement ?

4. Pathelin et Guillemette ne remplissent pas le même rôle vis-à-vis du drapier. Définissez précisément leur façon de procéder.

Langue

5. Le vocabulaire de la religion reste très riche, ici comme ailleurs. Classez-en les différentes allusions (jurons, allusion au clergé, au culte, appels à Dieu ou à ses saints...).

6. Cherchez dans la scène tous les synonymes du mot « parler » et classez-les par niveau de langue (soutenu, courant, familier).

7. Relevez les verbes des trois dernières répliques. À quels temps et à quels modes sont-ils employés ?

Genre ou thèmes

8. Le délire de Pathelin est-il totalement insensé ? Analysez le début de la scène, lorsqu'il parle encore français, et les différents passages où il s'exprime en français. À qui s'adresse-t-il alors ?

9. En quoi le procédé d'accumulation de répliques en dialecte est-il comique ? Pensez-vous que les spectateurs comprenaient tout ce que Pathelin dit dans la scène ?

10. Chaque passage en dialecte possède son sens propre, mais chacun d'eux vaut aussi pour lui-même. Essayez de dégager la progression de la scène à travers ces répliques de Pathelin.

11. Est-il plausible que Pathelin connaisse tant de langues ?
    Pourquoi l'auteur lui prête-t-il cette virtuosité linguistique ?

12. Qui joue la comédie ? Qui regarde ? Guillemette est-elle
    uniquement comédienne vis-à-vis du drapier ?
    En quoi les spectateurs sont-ils complices ?

Écriture

13. Le drapier raconte à un collègue marchand sa mésaventure.
    Récrivez, en le résumant, le récit de cette scène 5 sans utiliser
    le dialogue.

14. Inventez une rencontre entre deux personnages qui ne parlent
    pas la même langue. Que se passe-t-il ? Comment vont-ils se
    faire comprendre ?

Pour aller plus loin

15. Situez, sur une carte géographique, les différents dialectes
    parlés par Pathelin dans cette scène.

16. Faites une recherche sur la naissance du français comme langue
    officielle et sur les dialectes parlés en France au Moyen Âge.

17. Quelles différences séparent la religion de la superstition ?
    Ces différences étaient-elles toujours bien marquées au Moyen
    Âge ?

✳ À retenir

À la fin du règne de Louis XI (1483), il s'en faut de
beaucoup pour que, en France, tous les habitants parlent
une langue unique, le français. D'ailleurs le français n'est
même pas une langue nationale. Les administrations
royale, notariale et judiciaire rédigent tous leurs actes
en latin. Elles le feront jusqu'à l'ordonnance de Villers-
Cotterêts, proclamée par François Ier en 1539, qui
imposait l'usage du français dans les actes officiels et de
justice.

Scène 6 GUILLEMETTE, PATHELIN.

PATHELIN. Allons ! Ne vous ai-je pas donné une belle leçon ? Le voilà parti, ce naïf de Guillaume ! Dieu, qu'il raisonne mal sous son chapeau ! Nombreux sont les rêves qui vont venir le hanter cette nuit, quand il sera couché !

5 **GUILLEMETTE**. Comme il a été roulé ! N'ai-je pas bien joué mon rôle ?

PATHELIN. Corbleu[1] ! À la vérité, vous avez très bien travaillé. Au moins avons-nous assez de drap pour nous faire des vêtements.

Scène 7 LE DRAPIER.

LE DRAPIER. Quoi ? Diable ! Chacun me nourrit de mensonges ! Chacun emporte mes biens et me prend tout ce qu'il peut. Me voici le roi des malchanceux ! Même les bergers des champs me volent. Mais le mien, à qui j'ai toujours fait du bien, ne se moquera
5 pas impunément de moi ! Par la Vierge, je le traînerai à genoux en justice !

---

1. **Corbleu** : juron, qui est une déformation de « Par le corps de Dieu ! ».

Clefs d'analyse

Action et personnages

1. Quel est l'intérêt de ces deux courtes scènes après la grande scène joyeuse où Pathelin s'exprime dans tous les sens ?

2. Est-ce la première fois que le drapier reste isolé par le dispositif des décors simultanés ? Pourquoi répéter encore ce schéma ?

3. Quel bilan chacun des personnages tire-t-il de ce qui vient de se passer ? Le bilan est-il uniquement matériel ?

4. Chacun d'eux a-t-il l'intention d'en rester là ? Comment envisagent-ils l'avenir ?

5. Le mari et la femme sont-ils contents d'eux-mêmes ? Dans les farces traditionnelles, ils sont toujours opposés. Montrez qu'ici encore, ils cherchent tous deux à manifester qu'ils ont bien réussi leur rôle. Mais restent-ils sur un désaccord ?

6. Comment le texte indique-t-il que le drapier reste isolé ? À qui parle-t-il ? Où se trouve-t-il lorsqu'il prononce sa réplique ?

Langue

7. Dans ces deux scènes, quels sont les indices qui marquent l'exclamation ?

8. Au théâtre, les personnages utilisent le dialogue, donc le discours direct. Récrivez la réplique du drapier (scène 7 à partir de « Chacun me nourrit... ») en employant le discours indirect, comme le ferait un romancier : « Le drapier se disait que chacun se nourrissait... » Attention aux changements de temps et de pronoms.

Genre ou thèmes

9. Pathelin et Guillemette ont-ils des réactions humainement acceptables ? Leurs actions sont-elles morales ? Pourquoi rit-on malgré tout ?

10. Le rire l'emporte sûrement, mais la scène se finit sur le constat désabusé du drapier. Pour le spectateur, le bilan des scènes précédentes est-il optimiste ou pessimiste ?

11. Le drapier a-t-il des réactions humaines ? Voir la répétition de « chacun... » dans sa réplique : pourquoi réfléchit-il non seulement sur lui mais sur l'ensemble de la société ? Pourtant, la fin de son petit discours peut-elle inspirer la pitié des spectateurs pour ce personnage ? Pourquoi ?

Écriture

12. Inventez un personnage à qui il arrive une série de malheurs. Racontez une de ses journées.

13. Imaginez un court monologue avec un drapier optimiste : il tire les leçons de sa Journée et décide de se trouver des raisons d'être heureux.

Pour aller plus loin

14. On a souvent rapproché les farces des fabliaux. Utilisez une encyclopédie pour définir et comparer ces deux types de textes : montrez qu'ils se rapprochent par bien des points, mais que certaines caractéristiques les différencient.

15. Le théâtre au XVe siècle. Faites une recherche sur les deux principaux genres représentés, les mystères pour la veine religieuse et les farces pour le domaine profane. Qu'est-ce qu'un mystère ? En quoi la farce s'oppose-t-elle au mystère ? En quoi est-elle complémentaire de celui-ci ? Pour vous aider, cherchez aussi l'étymologie du mot « farce ».

✳ À retenir

Le Moyen Âge connaissait un type de dispositif scénique appelé « décors simultanés ». Tous les décors sont d'emblée présentés aux spectateurs : ceux-ci peuvent voir à la fois la boutique du drapier et l'habitation de Pathelin et Guillemette. Les conventions dramatiques font que, dans un même espace étroit (le plateau scénique n'est pas très large), les deux lieux sont représentés en même temps.

SÉQUENCE III

Scène 1 LE BERGER THIBAUT L'AGNELET, LE DRAPIER.

LE BERGER. Que Dieu bénisse votre journée et qu'il vous donne une bonne soirée, mon doux seigneur !

LE DRAPIER. Ah, te voilà, fieffé truand ! Quel bon serviteur ! Mais bon à quoi ?

5 **LE BERGER**. Mais, sans vouloir vous déplaire, mon bon maître, je ne sais quel personnage en habit rayé[1], tout excité, un fouet sans corde à la main[2], m'a dit... Mais je ne me rappelle pas bien de quoi il peut s'agir. Il m'a parlé de vous, mon maître, de je ne sais quelle convocation devant le juge... Quant à moi, par sainte Marie, je 10 n'y comprends rien du tout. Il m'a embrouillé avec une salade de « brebis » et de « à telle heure de l'après-midi », et, parlant en votre nom, mon maître, il m'a fait grand récit de votre colère.

LE DRAPIER. Si je ne parviens pas à te traîner sur-le-champ devant le juge, je prie Dieu qu'il déchaîne sur moi le déluge et 15 la tempête ! Jamais plus tu n'assommeras mes bêtes, par ma foi, sans que tu t'en souviennes ; tu me rendras, quoi qu'il arrive, six aunes... je veux dire ... tu me paieras pour l'abattage de mes bêtes et les dégâts que tu as faits chez moi depuis dix ans.

LE BERGER. Ne croyez pas les mauvaises langues, mon bon 20 maître, car, sur mon âme[3]...

---

1. **Personnage en habit rayé** : il s'agit d'un huissier chargé de porter les messages de la justice.
2. **Un fouet sans corde à la main** : un bâton, signe distinctif de sa fonction.
3. **Sur mon âme** : voir note 2, page 30.

LE DRAPIER. Par la Vierge Marie que l'on invoque, tu me rendras samedi mes six aunes de drap... je veux dire... les bêtes que tu as dérobées dans mon troupeau.

LE BERGER. Quel drap ? Ah, mon maître, vous êtes, je crois, en colère pour autre chose. Par saint Loup[1], mon maître, je n'ose plus rien dire quand je vous regarde.

LE DRAPIER. Laisse-moi tranquille ! Va-t-en, et sois ponctuel à l'assignation[2], s'il te plaît !

LE BERGER. Mon maître, pour l'amour de Dieu, arrangeons-nous entre nous, afin que je n'aie pas à plaider !

LE DRAPIER. Va, ton affaire est faite ! Va-t-en ! Je ne ferai aucune concession, par Dieu, et je n'arrangerai pas les choses d'une manière différente de ce que le juge décidera. Fichtre ! Si je n'y mets pas bon ordre, tout le monde va me duper cette année !

LE BERGER. Adieu, mon maître, et que Dieu vous donne sa joie ! *(Le drapier s'en va et le berger demeure seul.)* Il faut donc que je me défende.

---

1. **Saint Loup** : le patron des bergers.
2. **Assignation** : convocation officielle en justice.

Scène 2   GUILLEMETTE, PATHELIN, LE BERGER.

LE BERGER. Il y a quelqu'un ? *(Il frappe à la porte de Pathelin.)*

PATHELIN, *bas*. Qu'on me pende par le cou, si ce n'est pas lui qui revient !

GUILLEMETTE, *bas aussi*. Non ! Par saint Georges, ce serait la
5 catastrophe ! *(Guillemette ouvre la porte, voit le berger et le fait entrer.)*

LE BERGER. Que Dieu soit avec vous ! Que Dieu puisse venir chez vous !

PATHELIN. Que Dieu te garde aussi, compagnon ! Que veux-tu ?

10 **LE BERGER**. On me condamnera par défaut[1], cher maître, si je ne me présente pas à ma convocation devant le juge à je ne sais quelle heure de l'après-midi ! S'il vous plaît, mon seigneur, venez avec moi et vous plaiderez ma cause, car je n'y connais rien. Et je vous paierai largement, bien que je sois mal habillé.

15 **PATHELIN**. Approche et parle ! Qui es-tu dans cette affaire, le plaignant ou l'accusé ?

LE BERGER. J'ai affaire à un malin. Comprenez-vous bien, maître ? Longtemps j'ai mené paître ses brebis et je les lui ai gardées. Je m'apercevais bien qu'il me payait peu… Dois-je tout dire ?

20 **PATHELIN**. Diable, évidemment ! À son avocat on doit tout dire.

LE BERGER. C'est la vérité vraie, monsieur, que je lui ai assommé ses brebis. Plusieurs d'entre elles se sont évanouies plus d'une fois et en sont mortes, bien qu'elles fussent saines et fortes. Et, pour éviter tout reproche, je lui faisais croire qu'elles étaient mortes de
25 la clavelée[2]. « Ah, disait-il, ne les laisse pas avec les autres. Jette-les ! – Volontiers, répondais-je ! » Mais je ne le faisais pas : connais-

---

1. **Par défaut** : expression de la langue juridique signifiant « pour n'avoir pas été présent ».
2. **Clavelée** : variole du mouton, maladie contagieuse et mortelle qui frappe particulièrement les ovins.

sant bien leur maladie, par saint Jean, je les mangeais. Que voulez-vous que je vous dise ? J'ai si bien continué, j'ai tant assommé
et tué de brebis qu'il a fini par s'en apercevoir. Quand il s'est vu
30 escroqué (que Dieu me vienne en aide !), il m'a fait épier. Car on
les entend crier bien fort, ces bêtes, comprenez-vous, quand on les
tue. J'ai été pris sur le fait. Impossible de nier ! Aussi voudrais-je
vous demander de m'aider à le tromper. Pour l'argent, j'ai largement de quoi payer. Je sais bien que sa cause est juste mais si vous
35 voulez vous en donner la peine, vous trouverez bien une raison
qui rendra sa cause mauvaise.

PATHELIN. Et tu en serais bien content ! Mais que me donneras-tu
si je renverse le droit de ta partie adverse[1] et si on te renvoie chez
toi absous ?

40 **LE BERGER**. Je ne vous paierai pas en sous, mais avec de beaux
écus d'or.

PATHELIN. Tu auras donc gain de cause, même si tes torts étaient
deux fois plus grands. Pour peu que je m'applique, plus une cause
est solide et mieux je la démolis. Tu vas m'entendre donner de la
45 voix dès qu'il aura formulé sa plainte ! Approche ! Par le précieux
saint sang de Dieu, tu es assez malin pour comprendre la ruse !
Comment t'appelles-tu ?

LE BERGER. Thibaut l'Agnelet[2], par saint Maur[3] !

PATHELIN. L'Agnelet, tu as volé beaucoup d'agneaux de lait à ton
50 maître ?

LE BERGER. Il se peut bien, je le jure, que j'en aie mangé plus de
trente en trois ans.

PATHELIN. Soit un avantage en nature de dix par an, assez pour
payer les dés et la chandelle[4]. Je crois que je vais lui en faire avaler

---

1. **Si je renverse le droit de ta partie adverse** : si je réduis à néant les accusations
portées contre toi (Pathelin s'exprime en avocat).
2. **Thibaut l'Agnelet** : nom doublement comique car « Thibaut » était une insulte
signifiant « naïf » et « Agnelet » désigne un petit agneau ; or Thibaut est berger.
3. **Saint Maur** : abbé ayant vécu au VIe siècle et considéré comme un saint.
4. **Payer les dés et la chandelle** : dans les tavernes, quand on voulait jouer, on louait
les dés et il fallait payer la chandelle (pour que les joueurs voient clair).

55 de bien belles ! Penses-tu qu'il puisse trouver sur-le-champ des témoins pour prouver ce qu'il dit ? C'est très important.

Le Berger. Prouver ce qu'il dit, maître ? Par sainte Marie et par tous les saints du paradis, il trouvera dix témoins plutôt qu'un seul pour déposer contre moi.

60 **Pathelin.** Voilà qui est très fâcheux pour ton affaire... Voici donc mon plan : je ne laisserai pas paraître que je te connais, je ferai comme si je ne t'avais jamais vu.

Le Berger. Par Dieu, vous ne le ferez pas ?

Pathelin. Bien sûr que non ! Mais voici l'attitude que tu adop-
65 teras. Si tu parles, on verra vite que tu es systématiquement dans ton tort et, dans cette situation, reconnaître les faits est terri-blement gênant et font un mal du diable ! C'est pourquoi, dans notre affaire, voici ce que tu feras : aussitôt qu'on t'appellera pour comparaître devant le juge, tu ne répondras que « Bê ! », quoi
70 qu'on puisse te dire. Et s'il arrive qu'on t'injurie en te disant : « Eh ! Crétin puant ! Que Dieu te maudisse, truand ! Te moques-tu de la justice ? », tu répliqueras : « Bê ! ». « Ah, dirai-je alors, il est idiot, il croit parler à ses bêtes ! » Même s'ils devaient s'y casser la tête, qu'aucun autre mot ne sorte de ta bouche ! Veilles-y bien !

75 **Le Berger.** Je suis d'accord ! Je ferai attention, j'agirai exacte-ment ainsi. Je vous le promets et confirme.

Pathelin. Fais très attention ! Tiens-toi fermement à cela. Et même à moi, quoi que je puisse te dire, tu ne réponds pas autre chose !

80 **Le Berger.** J'en fais le serment. Dites franchement que je suis fou si je réponds à quiconque, à vous ou à quelqu'un d'autre, par un autre mot que ce « Bê ! » que vous m'avez appris.

Pathelin. Par saint Jean, ton adversaire tombera ainsi dans le piège de tes grimaces. Mais ensuite fais que je sois content des
85 honoraires[1] que tu me verseras !

---

1. **Honoraires** : rétribution financière accordée à un avocat ou à un médecin.

LE BERGER. Maître, si je ne vous paie pas selon votre mot, ne me faites plus jamais confiance. Mais, je vous en prie, occupez-vous rapidement de mon affaire.

PATHELIN. Par Notre Dame de Boulogne[1], je pense que le juge siège en ce moment car ses audiences débutent toujours aux environs de six heures. Suis-moi, mais à distance : nous ne ferons pas le chemin ensemble.

LE BERGER. Bien dit ! Comme cela, on ne verra pas que vous êtes mon avocat.

PATHELIN. Par Notre Dame ! Gare à toi si tu ne me paies pas largement !

LE BERGER. Par Dieu ! Je vous paierai mot à mot, maître, exactement, n'en doutez pas ! *(Le berger s'en va.)*

PATHELIN. Eh ! Diable, s'il ne pleut pas, il tombe des gouttes[2]. Si tout marche bien, je tirerai quelque chose de lui, au moins un ou deux écus. Pour ma peine.

---

1. **Notre Dame de Boulogne** : il était de tradition de la remercier quand on obtenait une faveur.
2. **S'il ne pleut pas, il tombe des gouttes** : proverbe signifiant qu'il y aura toujours un petit quelque chose (« des gouttes ») à gagner.

Clefs d'analyse

Action et personnages

1. Dans la scène 1, quels rappels trouve-t-on des scènes précédentes ? Qu'est-ce qui prolonge l'affaire exposée dans la séquence II ? Comment l'arrivée du berger était-elle préparée ?

2. Le berger, qui apparaît ici pour la première fois, répond-il au caractère habituel des paysans dont les farces se moquaient volontiers ? Est-il sot ou naïf ?

3. L'alliance entre Pathelin et Thibaut L'Agnelet paraît-elle solide ? Qu'est-ce qui montre déjà que les deux personnages ne se font pas entièrement confiance ?

Langue

4. Dans la scène 1, comment l'opposition maître/serviteur est-elle indiquée à travers le langage de chacun des personnages ? Quelles sont les marques de respect du berger pour le drapier ? Celles de mépris du marchand pour son serviteur ?

5. Relevez les nombreuses allusions à la justice et au vocabulaire juridique dans la scène 2. Pourquoi tant de précisions dans les procédures judiciaires ?

6. Qu'est-ce qu'une onomatopée ? Ce bruit particulier est-il adapté au théâtre de farce ? Retrouvez le passage où il a déjà été question de l'onomatopée « bê ». Pour quelle raison était-elle évoquée ?

Genre ou thèmes

7. Par l'ironie, le berger se moque de son maître le drapier, tout en feignant le respect. Montrez que l'ironie est présente dès la première réplique et se poursuit tout au long de la scène 1.

8. Pourquoi le drapier s'embrouille-t-il encore dans les deux affaires ? Pour qui les spectateurs prennent-ils parti dès l'ouverture de la scène ? Qui maîtrise le langage ici ?

9. Pourquoi la scène avec le juge est-elle annoncée de façon aussi précise dans la scène 2 ? Quel effet cela produit-il sur les spectateurs ?

10. Le récit du berger est très vivant, de même que les instructions que Pathelin lui donne. Essayez d'imaginer les gestes qui accompagnent ces passages.

Écriture

11. Récrivez la scène 1 avec un berger vraiment sot. Quelles seraient ses réactions ?

12. Racontez, avec plus de détails que ne le fait le berger, sa rencontre avec l'huissier qui lui apporte la convocation au tribunal.

13. Inventez un petit monologue pour chacun des deux personnages de la scène 2. Dans chaque monologue, Pathelin et le berger diront tour à tour ce qu'ils pensent réellement l'un de l'autre. Tenez compte du fait qu'ils ont encore besoin de s'associer pour se tirer d'affaire ou pour gagner quelque argent.

Pour aller plus loin

14. Qu'est-ce qu'un « dicton », une « maxime », une « sentence », un « adage », un « aphorisme » ? Dans un dictionnaire de proverbes, relevez une série de proverbes, maximes ou dictons ayant trait aux moutons, aux brebis ou aux agneaux, et commentez-les.

15. Définissez exactement le rôle du juge, de l'avocat, du plaignant et de l'accusé. Comment et quand interviennent ces personnages au cours du procès ?

> ## ✳ À retenir
>
> L'ironie est une forme d'humour qui consiste à dire le contraire de ce qu'on veut faire comprendre. C'est une figure de style qui produit une moquerie sarcastique, soit par les paroles mêmes, soit par le ton, soit par l'attitude. Ainsi, le berger emploie des mots qui semblent respectueux, mais il fait bien sentir qu'il nargue son ancien maître.

Clefs d'analyse

Scène 3 PATHELIN, LE BERGER, LE DRAPIER, LE JUGE.

La scène se passe au tribunal.

PATHELIN, *qui salue le juge en enlevant son chapeau.* Monsieur, que Dieu vous donne de la chance et vous accorde ce que vous désirez !

LE JUGE. Soyez le bienvenu, maître. Couvrez-vous donc et prenez
5 place là !

(Pathelin remet son chapeau mais reste à l'écart.)

PATHELIN. Bah ! Si vous me le permettez, je suis plus à l'aise ici.

LE JUGE. S'il y a quelque affaire, qu'on se dépêche ! Tout de suite ! Afin que je lève l'audience au plus vite !

10 **LE DRAPIER**. Mon avocat arrive. Il termine un petit travail. Mon seigneur, s'il vous plaisait, vous seriez aimable de l'attendre.

LE JUGE. Eh ! J'ai d'autres affaires ailleurs. Si la partie adverse est présente, dépêchez-vous, sans attendre davantage. N'êtes-vous pas le plaignant ?

15 **LE DRAPIER**. Si !

LE JUGE. Où est l'accusé ? Est-il présent en personne ?

LE DRAPIER. Oui ! Regardez-le là-bas qui ne dit mot. Mais Dieu sait ce qu'il pense !

LE JUGE. Puisque vous êtes là tous les deux, présentez chacun
20 votre cause !

LE DRAPIER. Voici pourquoi je me plains de lui : mon seigneur, c'est la vérité que, par charité et pour l'amour de Dieu, je l'ai élevé quand il était enfant. Quand je l'ai vu assez fort pour aller aux champs, pour faire bref, j'ai fait de lui mon berger. Je l'ai mis à gar-
25 der mes bêtes. Mais, aussi vrai que vous êtes assis là, mon seigneur le juge, il a fait un tel carnage de mes brebis et de mes moutons que sans faute...

LE JUGE. Mais voyons ! N'était-il pas votre salarié ?

PATHELIN. Bien sûr ! Car s'il était amusé à le garder sans lui verser de salaire…

(Le drapier reconnaît Pathelin.)

LE DRAPIER. Que je renie Dieu si ce n'est pas vous ! Oui, c'est bien vous, sans erreur possible !

(Pathelin, qui ne s'attendait à trouver le drapier, cache son visage avec sa main.)

LE JUGE. Comme vous tenez votre main haute ! Avez-vous mal aux dents, maître Pierre ?

PATHELIN. Oui, elles me font une telle guerre que je n'ai jamais eu pareille rage de dents. Je n'ose pas lever la tête. Mais, pour l'amour de Dieu, poursuivez le débat.

LE JUGE, *au drapier*. Allons ! Achevez votre plaidoirie. Concluez ! Vite et clairement !

LE DRAPIER. C'est lui et personne d'autre. *(À Pathelin.)* Oui, vraiment, par la Croix où le Christ a été attaché, c'est à vous que j'ai vendu six aunes de drap, maître Pierre !

LE JUGE. Que raconte-t-il avec son drap ?

PATHELIN, *qui retrouve son assurance et qui s'adresse au juge*. Il perd le fil de ce qu'il dit. Il pense en venir à son propos, mais il ne s'y retrouve plus, parce qu'il a mal appris son histoire.

LE DRAPIER, *à Pathelin*. Que je sois pendu si c'est un autre qui m'a pris mon drap !

PATHELIN. Comme le pauvre homme se creuse la tête pour fortifier sa cause ! Il veut dire – quel maladroit ! – que son berger avait vendu la laine, du moins d'après ce que je comprends, la laine dont est fait le drap de ma robe. C'est comme s'il disait que son berger le vole et qu'il lui a subtilisé la laine de ses brebis.

LE DRAPIER, *à Pathelin*. Que Dieu me frappe d'une semaine de malheurs si vous ne m'avez pas pris mon drap !

LE JUGE. La paix, que diable ! Comme vous bavardez ! Ne pouvez-vous pas revenir à votre affaire sans gêner la cour par de tels bavardages ?

PATHELIN. J'ai mal aux dents, et il faut que je rie. Il s'est si empê-tré dans ses propos qu'il ne sait pas où il en est resté. Il faut que nous le ramenions à son affaire.

LE JUGE. Allons ! Revenons à nos moutons ! Que s'est-il passé
65 avec eux ?

LE DRAPIER. Il en a pris six aunes pour neuf francs.

LE JUGE. Sommes-nous benêts ou idiots ? Où vous croyez-vous donc ?

PATHELIN. Palsambleu ! Il se moque de vous ! Il a bien la mine
70 d'un honnête homme ! Je suggère qu'on interroge un peu la partie adverse.

LE JUGE. Vous avez raison. *(À part.)* Il s'entretient avec lui. Il le connaît certainement. *(Au berger.)* Approche ! Parle !

LE BERGER. Bê !

75 **LE JUGE**. C'est intolérable ! Que signifie ce « Bê ! » ? Suis-je une chèvre ? Parle-moi !

LE BERGER. Bê !

LE JUGE. Que Dieu te donne une bonne fièvre ! Te moques-tu ?

PATHELIN. Croyez qu'il est fou, ou stupide, à moins qu'il ne s'ima-
80 gine être avec ses bêtes.

LE DRAPIER, *à Pathelin*. Je renie Dieu si vous n'êtes pas celui qui m'a pris mon drap ! Ce n'est personne d'autre ! *(Au juge.)* Ah ! Vous ne savez pas, mon seigneur, par quelle tromperie…

LE JUGE. Taisez-vous donc ! Êtes-vous idiot ? Laissez de côté ce
85 détail et venons-en à l'essentiel.

LE DRAPIER. Bien sûr, mon seigneur, mais l'affaire me concerne. Mais je vous jure que je n'en dirai plus un mot aujourd'hui… *(À part.)* Une autre fois, il en ira comme il pourra. Il me faut donc avaler la pilule sans protester. *(Au juge.)* J'exposais donc les cir-
90 constances dans lesquelles j'avais donné six aunes… je veux dire mes brebis… Pardonnez-moi, monsieur, je vous en prie ! Ce noble maître… mon berger, quand il devait aller aux champs… Il m'a dit que j'aurais six écus d'or quand je viendrais… Il y a trois ans de cela, dis-je, mon berger s'était engagé à garder mes brebis sans me

95 causer de dommages ni me jouer de vilains tours... Et maintenant il nie tout net le drap et l'argent. *(À Pathelin.)* Ah ! Maître Pierre, vraiment... *(Au juge, montrant le berger.)* Le ribaud[1] que voici me volait la laine de mes bêtes et, toutes saines qu'elles étaient, il les faisait mourir en les assommant et en les frappant à grands coups 100 de bâton sur la tête... *(Montrant Pathelin.)* Quand il a mis mon drap sous son bras, il est parti à vive allure, et il m'a demandé de passer chez lui prendre mes six écus d'or.

LE JUGE. Ce que vous dites n'a ni queue ni tête. Qu'est-ce que c'est que cette histoire ? Vous mélangez une chose avec une autre ! 105 *(À part.)* En somme, palsambleu, je n'y vois goutte. Il s'embrouille avec son drap puis babille de ses brebis, le tout à tort et à travers. Ce qu'il dit ne tient pas debout.

PATHELIN. Moi je suis convaincu qu'il retient son salaire au pauvre berger.

110 **LE DRAPIER.** Par Dieu, vous feriez mieux de vous taire ! Mon drap, aussi vrai que la messe... Je sais mieux que vous ou que quiconque où est mon problème. Tudieu[2], vous l'avez !

LE JUGE. Qu'est-ce qu'il a ?

LE DRAPIER. Rien, mon seigneur ! Je le jure, c'est le plus grand 115 escroc ! Holà ! Je me tairai si je peux, et je n'en parlerai plus aujourd'hui, quoi qu'il arrive.

LE JUGE. Soit ! Mais souvenez-vous en ! Et concluez clairement !

PATHELIN. Ce berger ne peut répondre aux accusations que l'on formule contre lui sans avoir un avocat qui le conseille. Et il n'ose 120 pas – ou il ne sait pas – en demander un. S'il vous plaisait d'ordonner que je l'assiste, je le défendrais.

LE JUGE. Le défendre serait, je crois, une bien mauvaise affaire pour vous. C'est un « Sans-le-sou ».

PATHELIN. Aussi bien je ne veux pas lui tirer de l'argent, je le 125 jure ! Ce sera pour l'amour de Dieu ! Eh bien je vais écouter ce que pauvre garçon voudra bien me dire pour répondre aux accusations

---

1. **Ribaud** : terme d'injure appliqué aux scélérats ou aux vagabonds ; coquin.
2. **Tudieu** : juron, qui est une abréviation de « par la vertu de Dieu ».

portées contre lui. Si personne ne l'aide, il aura bien du mal à se tirer d'affaire. Approche, mon ami. Si on pouvait trouver... Tu me comprends ?

130 **LE BERGER.** Bê !

PATHELIN. Que veut dire ce « Bê ! » ? Diable ! Par le saint sang du Christ, es-tu fou ? Explique-moi ton affaire.

LE BERGER. Bê !

PATHELIN. Que veut dire ce « Bê ! » ? Entends-tu tes brebis bêler ?
135 Je te parle dans ton intérêt ! Comprends-le !

LE BERGER. Bê !

PATHELIN. Eh ! Dis oui ou non. *(Tout bas.)* C'est bien ! Continue comme ça. *(À haute voix.)* Alors parleras-tu ?

LE BERGER, *doucement.* Bê !

140 **PATHELIN,** *faisant semblant de n'avoir pas entendu.* Plus fort, ou tu vas le regretter, à mon avis.

LE BERGER, *fort.* Bê !

PATHELIN. Eh bien ! Il est encore plus fou, celui qui s'imagine intenter un procès à un fou pareil ! C'est un fou de naissance !

145 **LE DRAPIER.** Vraiment ? Par le Saint-Sauveur des Asturies[1], il est plus sain d'esprit que vous !

PATHELIN. Envoyez-le garder ses bêtes et qu'il ne revienne jamais ! Et maudit soit celui qui assigne ou fait assigner de tels fous en justice !

150 **LE DRAPIER.** Et le renverra-t-on avant que je puisse être entendu ?

LE JUGE. Par Dieu, puisqu'il est fou, oui ! Pourquoi ne le renverrai-je pas ?

LE DRAPIER. Eh ! Par le diable, mon seigneur, laissez-moi au
155 moins parler avant et présenter mes conclusions.

---

1. **Le Saint-Sauveur des Asturies** : ville du nord de l'Espagne où se trouvait une abbaye célèbre.

LE JUGE. On ne récolte que des tracasseries à plaider contre des fous ou des folles ! Écoutez ! Pour en finir avec toutes ces sottises, je vais lever l'audience !

LE DRAPIER. S'en iront-ils sans qu'une nouvelle date de comparution soit fixée ?

LE JUGE. Pourquoi donc les faire revenir ?

PATHELIN, *au juge*. Revenir ? *(Montrant le berger.)* Jamais vous n'avez vu plus fou que lui ni en actes ni en paroles ! *(Montrant le drapier.)* Et pourtant celui-là ne vaut pas un gramme de bon sens de plus ! Tous deux sont fous et sans cervelle ! Par la belle sainte Marie, à eux deux, ils n'en ont pas un carat[1] !

LE DRAPIER. Mon drap, vous l'avez emporté par ruse, et sans me payer, maître Pierre. Parbleu, pauvre pécheur que je suis ! Vous n'avez pas agi en honnête homme !

PATHELIN. Eh bien, je renie saint Pierre de Rome s'il n'est pas complètement fou ou en passe de le devenir.

LE DRAPIER. Je reconnais votre voix, votre habit, votre visage. Je ne suis pas fou, je sais reconnaître celui qui me veut du bien. *(Au juge.)* Je vous raconterai toute l'affaire, mon seigneur, en mon âme et conscience.

PATHELIN. Hé ! Monsieur, imposez-lui silence. *(Au drapier.)* N'avez-vous pas honte de discuter avec ce berger pour trois ou quatre vieilles brebis ou méchants moutons qui ne valent pas deux sous ? Cela ne vaut pas de s'en plaindre à n'en plus finir...

LE DRAPIER. Quels moutons ? Encore le même refrain ! C'est à vous-même que je parle et vous me le rendrez par le Dieu qui voulut naître à Noël !

LE JUGE. Me voici bien loti ! Il ne va pas cesser de toute la journée !

LE DRAPIER. Je lui demande...

PATHELIN. Faites-le taire ! Par Dieu, assez d'histoires ! Mettons qu'il en ait assommé six ou sept, ou une douzaine, et qu'il les ait

---

1. **Carat** : unité de masse (de poids), surtout utilisée en joaillerie, valant 0,2 gramme.

190 mangées – la mauvaise affaire ! – vous n'en êtes pas ruiné pour autant ! Vous avez gagné bien davantage pendant qu'il vous les a gardées !

LE DRAPIER, *au juge*. Voyez, monsieur ! Voyez ! Je lui parle de drap et il répond moutons. *(À Pathelin.)* Les six aunes de drap, où sont-elles ? Celles que vous avez mises sous votre bras ? Vous n'avez aucune intention de me les rendre ?

195 **PATHELIN**. Ah ! Monsieur, le ferez-vous pendre pour six ou sept bêtes à laine ? Reprenez votre calme. Ne soyez pas si dur envers un pauvre berger, qui est nu comme un ver.

LE DRAPIER. Beau changement de sujet ! C'est le diable qui m'a fait vendre du drap à un tel roublard ! Mon seigneur, je lui 200 demande...

LE JUGE. Je l'absous de votre plainte et je vous interdis de le poursuivre en justice. Le bel honneur de plaider contre un fou ! *(Au berger.)* Va-t'en, retourne auprès de tes bêtes.

LE BERGER. Bê !

205 **LE JUGE**, *au drapier*. Vous montrez bien qui vous êtes, monsieur, par le sang de la Vierge !

LE DRAPIER, *au juge*. Mais, diable, mon seigneur, sur mon âme, je veux lui...

PATHELIN. Finira-t-il par se taire ?

210 **LE DRAPIER**, *à Pathelin*. C'est à vous que j'ai affaire ! Vous m'avez vilainement trompé. Vous avez sournoisement emporté mon drap, grâce à vos belles paroles.

PATHELIN. J'ai ma conscience pour moi ! *(Au juge.)* Hé, l'écoute-rez-vous, mon seigneur ?

215 **LE DRAPIER**. Que Dieu m'aide ! Vous êtes le plus grand trom-peur... *(Au juge.)* Mon seigneur, il faut que je vous dise...

LE JUGE. Mais c'est une vraie farce que vous jouez tous les deux ! Que de bruit ! Par Dieu ! Il me faut maintenant partir. *(Au berger.)* Va-t'en, mon ami, et ne reviens jamais, même si un huissier te 220 convoquait. La cour t'absout ! Comprends-tu bien ?

PATHELIN. Dis : « Grand merci ! »

LE BERGER. Bê !

LE JUGE. Je dis bien : va-t'en ! Et ne t'inquiète pas ! C'est inutile !

LE DRAPIER. Est-il juste qu'il s'en aille ainsi ?

25 **LE JUGE**. J'ai affaire ailleurs ! Vous vous moquez vraiment trop du monde ! Vous ne me ferez pas siéger davantage. Je m'en vais. *(À Pathelin.)* Voulez-vous venir dîner avec moi, maître Pierre ?

PATHELIN, *touchant de nouveau sa mâchoire.* Je ne peux pas !

(Le juge s'en va.)

Scène 4 PATHELIN, LE DRAPIER, LE BERGER.

Devant le tribunal.

LE DRAPIER. Sacré voleur ! Dites, je ne serai pas payé ?

PATHELIN. Mais de quoi ? Êtes-vous cinglé ? Mais qui croyez-vous que je sois ? Par mon propre sang, je me demande pour qui vous me prenez ?

5 **LE DRAPIER**. Bê ! Diable !

PATHELIN. Minute, cher monsieur ! Je vais vous dire sans plus attendre pour qui vous me prenez ! Ne serait-ce point pour l'Écervelé[1] ? *(Pathelin soulève son chapeau.)* Regarde ! Mais non ! Il n'est pas chauve comme moi !

10 **LE DRAPIER**. Vous voulez vraiment me faire passer pour un imbécile ? C'est vous en personne, oui, vous-même ! C'est votre voix ! Et ne pensez pas que c'est quelqu'un d'autre !

PATHELIN. Moi-même ? Non, vraiment ! Ôtez-vous cette idée de la tête ! Ne serait-ce pas plutôt Jean de Noyon ? Il a ma taille !

15 **LE DRAPIER**. Hé ! Diable ! Il n'a pas votre visage aviné[2] d'ivrogne ! Ne vous ai-je pas quitté, malade, chez vous, il y a un instant ?

---

1. **L'Écervelé** : personnage sot, traditionnel dans la farce et le théâtre populaire.
2. **Aviné** : marqué par l'excès d'alcool.

PATHELIN. Ah ! Le bel argument ! Malade ? Et de quelle maladie ? Vous dites une sottise ! C'est maintenant évident !

20 **LE DRAPIER**. C'est bien vous, ou je renie saint Pierre, vous et pas un autre ! Je le vois bien, c'est la pure vérité !

PATHELIN. Eh bien, n'en croyez rien, car ce n'est sûrement pas moi. Je ne vous ai jamais pris ni une aune ni une demi-aune de drap. Je n'ai pas la réputation de voler les gens !

25 **LE DRAPIER**. Ah, palsambleu, je vais voir dans votre maison si vous y êtes. Nous ne nous casserons plus la tête ici si je vous trouve là-bas !

PATHELIN. Par Notre Dame, c'est cela ! Vous en aurez ainsi le cœur net !

(Le drapier s'en va.)

Pathelin et le drapier. Gravure sur bois, XVe siècle.

Clefs d'analyse

Action et personnages

1. C'est Pathelin qui fait avancer le débat dans la scène 3. Quels sont les différents arguments qu'il utilise ?

2. Le juge n'apparaît qu'une seule fois à la scène 3. Par quels traits de caractère peut-on le définir ? Que penser de l'invitation qu'il lance à Pathelin à la fin ?

3. Comment sait-on que le berger est toujours présent dans la scène 4 ? Comment interpréter son silence ? Quelle attitude doit-il conserver pendant le dialogue entre Pathelin et le drapier ? Cela est-il conforme à ce qu'il a révélé de son caractère dans les scènes antérieures ?

Langue

4. La scène 3 se déroule à peu près conformément à ce qu'on attend d'une audience au tribunal. Relevez le champ lexical du droit et de la justice ; décrivez les différentes étapes de ce procès.

5. Comment peut-on imaginer les gestes des personnages dans la scène 4 ? Aidez-vous de la répétition insistante des pronoms personnels (repérez-les), et pensez que la maison de Pathelin restait sans doute visible sur la scène.

6. Réécriture du passé, réécriture de l'avenir dans la scène 4. Repérez et classez les verbes en trois époques : passé, présent et futur. Quels événements passés sont évoqués ? Comment le futur immédiat se présente-t-il pour chacun ?

Genre ou thèmes

7. Quels sont les gestes des uns et des autres dans la scène 3 ? Comment s'exprime le calme de Pathelin ? L'impatience du juge ? La confusion du drapier ?

8. Énervements, renversements, folie... Ces trois termes conviennent-ils au ton de la scène 3 ? Comment la folie est-elle mise en scène ? Quel personnage s'impose comme le plus raisonnable ?

9. Comment comprendre la dernière réplique du drapier
   dans la scène 4 ? Pourquoi finit-il par dire des absurdités ?
   Ne pressent-on pas cela dès le début de cette scène ?
   Quel indice pourrait le montrer ?

10. Les répliques sont-elles équilibrées en longueur entre
    Pathelin et le drapier dans la scène 4 ? Comment fonctionne
    le dialogue alors ? Pathelin a-t-il vraiment le dernier mot dans
    l'affrontement ?

Écriture

11. Récrivez la scène 3 avec un juge qui tiendrait compte de l'avis du
    drapier et qui prendrait le temps de débrouiller les deux affaires.
    Quels jugements porterait-il à la fin du procès ?

12. Imaginez le récit d'un accident raconté par deux témoins qui ont
    un avis complètement différent sur la question.

13. Le juge rentre chez lui et raconte à sa femme ce qui s'est passé
    au tribunal. Donnez son point de vue dans un court récit.

Pour aller plus loin

14. « Le drap de ma robe ». Cherchez l'étymologie du mot « robe ».
    Quel est le sens du mot au Moyen Âge ? Aujourd'hui ?
    Faites une recherche pour déterminer quels sont les principaux
    vêtements au Moyen Âge.

15. Quelles autres scènes de procès connaissez-vous ?
    Citez des œuvres littéraires ou cinématographiques.

✳ À retenir

Une question peut être posée directement (« Où est
l'accusé ? ») ou indirectement (« Je vous demande si vous
êtes l'accusé »). L'interrogation peut être totale (réponse
par « oui », « si » ou « non ») ou partielle. Le plus souvent,
l'interrogation sert à obtenir un renseignement. Elle
peut aussi exprimer un avertissement, un doute, servir
d'interpellation, avoir valeur de politesse...

Clefs d'analyse

Scène 5 LE BERGER, PATHELIN.

PATHELIN. Dis donc, l'Agnelet !

LE BERGER. Bê !

PATHELIN. Viens ici, viens ! Ton affaire est-elle bien réglée ?

LE BERGER. Bê !

PATHELIN. Ta partie adverse s'est retirée, ne dis plus « Bê ! », ce n'est plus la peine ! L'ai-je bien roulée ? Mes conseils n'étaient-ils pas judicieux ?

LE BERGER. Bê !

PATHELIN. Diable ! On ne t'entendra pas : parle sans crainte ! Ne t'inquiète pas !

LE BERGER. Bê !

PATHELIN. Il est temps que je m'en aille ! Paie-moi !

LE BERGER. Bê !

PATHELIN. À dire vrai, tu as très bien tenu ton rôle, et ton attitude a été bonne. Ce qui a trompé le juge, c'est que tu t'es retenu de rire.

LE BERGER. Bê !

PATHELIN. Qu'est-ce que ce « Bê ! ». Il ne faut plus le dire ! Paie-moi bien maintenant et sans faire d'histoire !

LE BERGER. Bê !

PATHELIN. Qu'est-ce que ce « Bê ! » ? Parle raisonnablement. Paie-moi et je m'en irai.

LE BERGER. Bê !

PATHELIN. Sais-tu quoi ? Je vais te dire une chose. Je te prie sans plus bêler de songer à me payer. J'en ai maintenant assez de tes bêlements. Vite, paie-moi !

LE BERGER. Bê !

PATHELIN. Tu te moques de moi ? Est-ce tout ce que tu feras ? Je te jure que tu me paieras, tu m'entends ? À moins que tu ne t'envoles ! Allons, mon argent !

30 **LE BERGER**. Bê !

PATHELIN. Tu plaisantes ! Comment ! Je n'aurai rien d'autre ?

LE BERGER. Bê !

PATHELIN. Tu continues avec tes sottises ! Et à qui crois-tu vendre tes idioties ? Sais-tu ce qu'il en est ? Cesse de me rebattre les
35 oreilles avec ton « Bê ! », et paie-moi !

LE BERGER. Bê !

PATHELIN, *à part*. Je n'en tirerai pas la moindre pièce ! *(Au berger.)* De qui crois-tu donc te jouer ? Dire que je devais me féliciter de ton attitude ! Eh bien, fais tout pour cela !

40 **LE BERGER**. Bê !

PATHELIN. Tu me fais manger de l'oie ? Que Dieu te maudisse ! Ai-je donc tant vécu pour qu'un berger, pour qu'un mouton habillé, un vilain paysan, se moque de moi ?

LE BERGER. Bê !

45 **PATHELIN**, *à part*. Je n'en tirerai pas d'autre mot ? *(Au berger.)* Si tu fais cela pour t'amuser, dis-le. Ne me fais plus discuter. Viens-t'en souper à la maison !

LE BERGER. Bê !

PATHELIN. Par saint Jean, tu as raison. Les oisons mènent paître
50 les oies[1]. Je croyais être le maître des trompeurs d'ici et d'ailleurs, le maître des escrocs et des donneurs de promesses, capable de tenir jusqu'au jour du Jugement dernier[2] ! Et un berger des champs me surpasse ! Par saint Jacques, si je trouvais un bon sergent[3], je te ferais arrêter !

55 **LE BERGER**. Bê !

---

1. **Les oisons mènent paître les oies** : il faut comprendre que ce sont les plus faibles (les « oisons ») qui l'emportent sur les plus forts.
2. **Jugement dernier** : voir note 3, p. 23.
3. **Sergent** : policier.

PATHELIN. Oui, bê ! Qu'on me pende si je ne trouve pas un sergent ! Malheur à lui s'il ne te met pas en prison !

(Pathelin s'en va, laissant seul le berger.)

LE BERGER. S'il m'attrape, je lui pardonne !

(Le berger s'en va rapidement.)

La Farce de maître Pathelin. Gravure du XVe siècle.

Clefs d'analyse

Action et personnages

1. Dans ses premières répliques, Pathelin rappelle la scène précédente. A-t-on déjà rencontré ce procédé ? Pourquoi est-il utilisé à nouveau ?

2. Le berger ne semble pas posséder un riche vocabulaire ! Mais comment sait-on qu'il est plus malin qu'il en a l'air ? Pathelin est-il le seul personnage qu'il ait trompé, le seul contre lequel il exerce ses talents de faux naïf ?

3. Au début de cet extrait, quels sont les derniers conseils de Pathelin ? Quel est son avis sur le rôle tenu par Thibaut l'Agnelet ?

4. Par quels signes se manifeste le mépris de Pathelin pour le berger ? Quelle opinion Pathelin a-t-il de lui-même ?

5. Quelle attitude prêtez-vous au berger ? Comment l'acteur doit-il réagir physiquement aux ordres et aux menaces de Pathelin ? Quels gestes fait ce dernier pendant cette scène ?

6. Décrivez les modifications de l'état d'esprit de Pathelin à travers ses changements de ton.

Langue

7. Repérez un certain nombre d'expressions déjà présentes dans les scènes précédentes, et jusque dans la première séquence.

8. Relevez les verbes à l'impératif. Quels sont les autres moyens utilisés pour exprimer l'ordre ?

9. Récrivez les répliques de Pathelin en utilisant des verbes introducteurs : « Viens ici, viens ! » → « Je te demande de venir ici. » Observez les transformations dans les temps verbaux (l'impératif « viens » → l'infinitif « venir »).

Genre ou thèmes

10. Pathelin est-il pour ou contre le pouvoir des institutions ? Montrez que, sur ce point, il se contredit.

11. Est-ce important que le dernier mot appartienne au berger ? Que pensez-vous de la fuite de Pathelin ?

12. En quoi cette dernière scène constitue-t-elle un retournement par rapport à l'ensemble de la pièce ? Et malgré tout, on peut encore parler de l'unité de *La Farce de maître Pathelin*. Pourquoi ?

Écriture

13. Pathelin va se plaindre de la tromperie chez un officier de police. Là, il rencontre le drapier, venu se plaindre aussi. Imaginez l'officier et écrivez le dialogue par lequel il essaie de comprendre toute l'affaire.
14. Comment se présente l'avenir du berger ? Décrivez sa fuite dans un court récit jusqu'à ce qu'il trouve un refuge.
15. Relisez les critiques « Pour ou contre *La Farce de maître Pathelin* » (p. 11). De quel(s) avis êtes-vous ?

Pour aller plus loin

16. Faites une recherche sur les personnages-types de la farce au XVIIe siècle. Quelles pièces de Molière sont des farces ?
17. La farce est-elle morale, se termine-t-elle sur une fin satisfaisante pour les spectateurs ? Quelles critiques de la société médiévale cette farce exprime-t-elle ?

> ## ✻ À retenir
>
> Le coup de théâtre. On désigne par ce terme un événement surprenant qui vient modifier le cours de l'action. Même s'il est inattendu, il n'est pas pour autant extraordinaire. Il permet de relancer l'intérêt des spectateurs. L'expression *deus ex machina*, qui signifie en latin « dieu venu du ciel au moyen d'une machine », désigne un coup de théâtre spectaculaire et complètement invraisemblable.

L'action

1. Pathelin cherche à acheter du drap pour :
- ☐ a. changer sa literie.
- ☐ b. se faire tailler un manteau d'hiver.
- ☐ c. changer ses vêtements usés.

2. Quels sont ses rapports avec le drapier Guillaume ?
- ☐ a. C'est la première fois qu'il le voit.
- ☐ b. Il vient régulièrement lui acheter du drap.
- ☐ c. Il le connaît depuis longtemps.

3. Lorsqu'il revient de la foire, Pathelin annonce à Guillemette que :
- ☐ a. ayant peu d'argent, il n'a rien pu acheter.
- ☐ b. le marchand doit lui apporter lui-même du drap.
- ☐ c. il a acheté du drap en proposant de payer plus tard.

4. Guillemette refuse que le drapier voie son mari ; elle explique que :
- ☐ a. Pathelin est malade depuis onze semaines.
- ☐ b. Pathelin est malade depuis son retour de la foire.
- ☐ c. Pathelin est trop fâché pour recevoir le drapier.

5. Guillemette rit :
- ☐ a. parce que Pathelin est malade et raconte des bêtises dans son délire.
- ☐ b. parce qu'elle-même a bien joué son rôle.
- ☐ c. parce que le drapier a dû repartir sans être payé.

6. Pathelin délire en plusieurs langues :
- ☐ a. parce qu'il a une famille aux origines géographiques variées.
- ☐ b. parce que la fièvre le fait délirer.
- ☐ c. parce qu'il veut tromper le drapier.

7. Le drapier enrage :
- ☐ a. parce que les ventes de la journée ont été médiocres.
- ☐ b. parce que tout le monde le trompe.
- ☐ c. parce qu'il ne peut tromper personne.

8. Le berger est accusé :

☐ a. parce qu'il a laissé le loup tuer des brebis.

☐ b. parce qu'il a tué des brebis malades.

☐ c. parce qu'il a tué des brebis pour les manger.

9. Le juge est pressé d'en finir avec le procès :

☐ a. parce qu'il a faim.

☐ b. parce qu'il a mal aux dents.

☐ c. parce qu'un autre procès l'attend.

10. Le berger répond toujours par « bê » :

☐ a. parce qu'il est un peu simplet.

☐ b. parce qu'il est intelligent.

☐ c. parce qu'il veut faire rire le juge et Pathelin.

Les personnages

Barrez ce qui est faux :

Pathelin est un très bon avocat, honnête et juste, gagnant beaucoup d'argent. Il est souvent appelé à des procès pour plaider. Il va à la foire pour acheter du drap. Il choisit un drap bon marché car il veut faire des économies. Il paie le drapier, l'invite à déjeuner. Il retourne chez lui pour préparer le repas. Il annonce à Guillemette que le drap ne sera pas payé et qu'il a invité le drapier pour le dédommager. Il parle de très nombreuses langues. Sa maladie est une feinte. Il est particulièrement rusé et obtient du drapier qu'il lui fasse cadeau du drap. Il se réjouit d'avoir trompé le drapier. Il pense qu'il en sera de même avec le juge et avec le berger. Il plaide gratuitement la défense du berger. Il trompe la confiance du juge. Son mal de dent le fait délirer. Il pense beaucoup de bien du berger : il reconnaît qu'il a bien joué son rôle et qu'il est digne de confiance.

À la fin, il se précipite pour plaider à un autre procès. C'est le personnage principal de la pièce. Il aime les tromperies. La pièce se termine par son triomphe.

Guillemette est la femme de Guillaume. Elle se plaint de sa pauvreté mais elle a un caractère accommodant et joyeux. C'est une bonne cuisinière. Elle incite son mari à la prudence. Elle joue très bien la comédie. Elle refuse d'obéir à son mari. Elle assiste au procès. Elle disparaît à la fin de la pièce.

Guillaume est marchand de draps. C'est un commerçant habile et rusé, qui pratique des prix corrects. Il est respecté par son berger et écouté par le juge. Il parle avec facilité et sait bien se défendre. Ses explications sont particulièrement claires et convaincantes. Pathelin le respecte ; il connaît bien sa famille. Il reste toujours calme. Il comprend qu'il est trompé. Il réussit à s'imposer à la fin de la pièce.

Le juge est un personnage austère, qui n'aime pas manger. Il pratique une justice rigoureuse. Il écoute scrupuleusement toutes les parties. Il est attentif au discours du drapier. Il comprend les difficultés du berger. Il ne connaît pas Pathelin et refuse de le laisser parler parce qu'il n'a rien à voir avec le procès. Il porte un jugement sévère sur les malhonnêtetés du drapier. Son jugement est particulièrement juste. Pour remercier Pathelin, il l'invite à manger.

Le berger est vraiment sot avec ses « bê ». Il ne comprend rien au procès qu'on lui fait. Il est toujours affamé et a dévoré les moutons du drapier. Il accepte de payer Pathelin car il est reconnaissant de l'avoir tiré d'affaire. Il discute longuement avec le juge pour le convaincre. Il finit absout. On reconnaît qu'il avait raison. Parce qu'il est pauvre, il demande à Pathelin de ne pas lui faire payer sa défense. Grâce à son intelligence, il trompe les autres personnages. Il part chercher Guillemette à la fin.

Tous les **personnages** se connaissent depuis longtemps. Ils se retrouvent à la ville, où la scène se passe. Ils ont un grand respect pour la religion. Ce sont des modèles à suivre pour les spectateurs. Ils ressemblent aux habitants de la France du XVe siècle. Ils sont particulièrement délicats et attentifs les uns aux autres. Ils provoquent le rire des spectateurs.

Citations

Qui a dit ?

1. Il fut pourtant un temps où mon métier d'avocat me rapportait.
2. Vous êtes passé maître dans l'art de tromper les gens !
3. Il faudrait avoir vraiment le goût de la contradiction pour aller dire à votre mère que vous n'êtes point le fils de votre père !
4. Tout est à votre disposition, tout ce qu'il y a dans la pile, même si vous n'aviez pas le sou.
5. En plus, vous mangerez de l'oie que ma femme est en train de rôtir !
6. Mais vous autres, les riches, vous ne vous souciez pas beaucoup des pauvres gens que nous sommes.
7. Il n'est si habile client qui ne trouve vendeur plus rusé que lui.
8. Vous me rappelez la fable du corbeau qui était perché sur une croix de cinq à six toises de haut
9. Parlez à voix basse !
10. Cet avocat raté à trois leçons et trois psaumes prend-il les gens pour des guillaumes ?
11. Vuacarme, liefe gode man...
12. Quoi ? Diable ! Chacun me nourrit de mensonges ! Chacun emporte mes biens et me prend tout ce qu'il peut. Me voici le roi des malchanceux !
13. Il faut donc que je me défende.

14. Il se peut bien, je le jure, que j'en aie mangé plus de trente en trois ans.
15. Maître, si je ne vous paie pas selon votre mot, ne me faites plus jamais confiance.
16. Revenons à nos moutons !
17. « Bê ! ».
18. Voyez, monsieur ! Voyez ! Je lui parle de drap et il répond moutons.
19. Le bel honneur de plaider contre un fou !
20. Ah, palsambleu, je vais voir dans votre maison si vous y êtes.
21. Ai-je donc tant vécu pour qu'un berger, pour qu'un mouton habillé, un vilain paysan, se moque de moi ?
22. S'il m'attrape, je lui pardonne !

Les tromperies

1. **Nommez les différentes tromperies et complétez :**

	Tromperie	Acteurs	Victime	Bénéfice	Séquence et scène
1					
2	Vol du drap	Pathelin	le drapier	drap	I, 2
3					
4					
5					
6					
7					
8					

2. **Quelles tromperies ont eu lieu avant le début de la farce ?**
3. **Que peut-on savoir du passé de trompeur de Pathelin ?**
4. **Que penser du changement brutal de victime ?**

Le triomphe du berger des champs

Classez les événements suivants dans l'ordre chronologique :

1. Achat du drap à crédit.

2. Devant la maladie de Pathelin, le drapier renonce.

3. Discussion sur la famille du drapier.

4. Guillemette accueille le drapier et l'informe de la maladie de Pathelin.

5. Hésitations et confusions du drapier.

6. L'avocat Pathelin n'a plus d'argent.

7. Lamentations du drapier.

8. Le berger demande l'aide de l'avocat Pathelin.

9. Le berger est absous par le juge.

10. Le drapier assigne son berger devant la justice.

11. Le drapier demande de nouveau l'argent du drap : confus, il propose à Pathelin d'aller voir chez lui s'il s'y trouve.

12. Le drapier ferme boutique.

13. Le juge entend le berger qui répond par des « bê ! ».

14. Pathelin et Guillemette se moquent de la crédulité du drapier.

15. Pathelin et Guillemette se réjouissent de leur victoire.

16. Pathelin tente de se faire payer : le berger répond toujours « bê ! ».

17. Retour du drapier : Pathelin, à l'agonie, lui joue la grande scène du délire en plusieurs langues.

18. Retour triomphal de Pathelin qui montre le drap à Guillemette.

Les mots du Moyen Âge

Associez le mot du Moyen Âge à un synonyme contemporain :

1. paroisse
2. aune
3. blanc
4. blancs, deniers, écus, francs
5. clerc
6. chaperon
7. cotte
8. drap
9. drapier
10. grimoire
11. guillaume
12. lutrin
13. manger de l'oie
14. marmotter
15. mettre au pilori
16. chercher querelle
17. ribaud
18. robes

a. étoffe
b. marchand de tissus
c. vêtements
d. sous-vêtements
e. naïf
f. tromper
g. disputer
h. grommeler
i. naïf
j. commune
k. vagabond
l. savant
m. livre de sorcellerie
n. pupitre
o. capuchon
p. pièces de monnaie
q. mesure de longueur
r. punir

Le genre

Choisissez parmi les mots de la liste suivante et complétez le texte :

anonyme – farce – avocat – drapier – vol – pièce – battu – drap – moquer – public –séquences – marchand – juge – dialectes – Pathelin – François Villon – place publique – Moyen Âge – procès – jugement – maladie – berger – tromperies – droit – rue – spectateurs – médecine – juge – Guillemette – femme – argent

La Farce de maître Pathelin est une pièce de théâtre écrite au XVe siècle, par un auteur .... qui a dû faire des études de .... Il était contemporain d'auteurs célèbres comme le poète ....
Cette pièce est une .... : elle était jouée dans la .... ou sur une .... , et elle cherchait à faire rire le .... populaire qui vaquait là à ses occupations.

Elle met en scène des personnages connus par les .... : .... , ... , ... ou .... Elle met en scène la langue du droit et de la .... ; l'auteur joue aussi avec les différents .... parlés en France à cette époque. La farce est basée sur une série de .... : .... est le plus grand trompeur, mais il est .... sur son propre terrain par le berger dont il avait voulu se .... Le .... avare perd à la fois son .... , son .... et son .... , alors que le .... semble se désintéresser de la justice. Seule .... , la .... de Pathelin, s'amuse beaucoup de toutes ces tromperies.

La pièce est construite sur trois .... , centrées successivement sur trois tromperies : le .... du drap, la fausse .... de Pathelin, le ....

Cette .... est la farce la plus célèbre du ....

Le langage du théâtre

Reliez les mots à leur définition :

1. protagonistes •

2. quiproquo •

3. scène d'exposition •

4. réplique •

5. aparté •

6. didascalies •

7. séquences •

• a. Parole qu'un personnage dit et que les autres n'entendent pas.

• b. Fin de la pièce, dans laquelle les différents problèmes trouvent une solution.

• c. Personnages dont l'action compte dans la pièce.

• d. Grandes divisions, à l'intérieur de la farce, correspondant aux trois grandes tromperies.

• e. Elle présente les principaux personnages et la situation de départ, afin d'informer le public.

• f. Paroles prononcées par les personnages.

• g. Indications fournies par l'auteur, concernant le ton d'une réplique, le geste d'un personnage ou qui précise à qui il s'adresse.

8. monologue •

• h. Malentendu entre deux personnages qui comprennent de manière différente un même geste, un même mot ou qui prennent quelqu'un pour qui il n'est pas.

9. dénouement •

• i. Division interne d'une pièce de théâtre, à l'intérieure de laquelle les personnages ne changent pas.

10. double énonciation •

• j. Réplique dans laquelle un personnage seul en scène se parle à lui-même (et aux spectateurs).

11. tirade •

• k. Les paroles dites par un personnage s'adressent en même temps à un double récepteur : le personnage à qui il parle et le public.

12. scène •

• l. Longue réplique, que l'acteur dit d'un trait sans être interrompu.

Avez-vous bien lu ?

POUR
APPROFONDIR

Thèmes et prolongements

❖ Schémas actantiels

> Les farces sont construites de manière un peu mécanique. Cette simplification fait des personnages de simples éléments au service de l'action (la tromperie). L'ensemble peut alors être étudié sous forme de schéma simplifié.

Les actants

Une pièce de théâtre constitue la représentation scénique d'une action, c'est ce qu'on appelle la dramatisation (*drama* signifie « action » en grec) : les personnages agissent devant les yeux des spectateurs jusqu'à atteindre le but qu'ils se sont fixé. Chacun d'eux ne se définit que par rapport au développement de l'histoire mise en scène, c'est pourquoi on distingue six actants du récit selon les rapports qu'ils entretiennent à l'action. Chacun de ces actants représente un type de personnage (ou une motivation idéologique). Les relations qui unissent les deux actants principaux peuvent se résumer simplement : un sujet se met en quête d'un objet. Les autres actants vont lui fournir de l'aide (devenant ainsi des adjuvants) ou au contraire le freiner dans sa recherche (ils sont alors des opposants). L'ensemble peut être expliqué de la manière suivante :

Le *sujet* est celui dont le désir est le moteur de l'action. Dans *La Farce de maître Pathelin*, l'avocat Pathelin s'impose dès le début de la pièce comme le sujet : c'est lui qui prend l'initiative.

L'*objet* de sa quête ou de son désir est multiple et changeant : au début, il cherche à obtenir du drap, mais il se prend au jeu et ne s'amuse plus qu'à tromper le drapier.

Il est donc animé par cette force qui le pousse à rire aux dépens du drapier et des autres personnages (le juge, par exemple) : le plaisir du jeu et de la tromperie est donc considéré comme le destinateur. Le destinataire de son action est autant Guillemette (pour le drap et l'argent économisé) que lui-même puisqu'il en tire des avantages certains.

Dans son action, Pathelin est aidé par Guillemette (séquence II) puis par le berger (scène III, 3) : ce sont là deux adjuvants.

L'avocat va pourtant se heurter à une série d'adversaires, des opposants, surtout le drapier, et le berger à la fin de la pièce.

Schéma actantiel 1

Le schéma actantiel de *La Farce de maître Pathelin* peut donc se présenter ainsi :

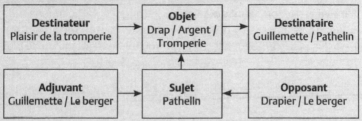

On voit pourtant que ce schéma ne tient pas jusqu'à la fin de la pièce. En effet, tout cela est valable tant que Pathelin possède l'initiative de tromper tout le monde et que personne ne résiste à ses projets. Mais le personnage ne sera libre de mener à bien sa quête de l'argent et de la tromperie que jusqu'à la scène 5 de la troisième séquence. À partir de là intervient un retournement de situation : c'est le berger qui prend l'initiative. Il est donc constitué en nouveau sujet, ce qui provoque un conflit avec Pathelin ; ce dernier devient alors un opposant.

Schéma actantiel 2

Pour la dernière scène de la pièce, le schéma actantiel qui s'impose serait donc plutôt celui-ci :

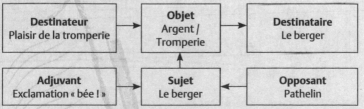

Pour approfondir

Thèmes et prolongements

Il est remarquable que l'ensemble du schéma (et en particulier la ligne supérieure du tableau) ne varie que très peu. En réalité, on voit bien que le berger cherche la même chose que Pathelin : il est intéressé par l'argent (d'autant plus qu'il en a peu, comme lui) et il cherche à s'amuser aux dépens de celui qui se croit plus malin que lui. Or Pathelin est le personnage principal de la farce jusqu'à cette dernière scène : le berger a d'ailleurs eu l'occasion de le voir à l'œuvre avec le juge, puis avec le seul drapier.

Il ne lui reste donc plus qu'à utiliser l'arme que Pathelin lui a indiquée : l'exclamation « bée ! » se retourne contre son inventeur Pathelin, et le trompeur est trompé à son tour par quelqu'un de plus fort que lui.

Pour approfondir

Procès de Thibaut l'Agnelet. Gravure sur bois, XVe siècle.

❖ La mise en cause de la justice ?

> *La Farce de maître Pathelin* montre assez précisément le fonctionne-
> ment de l'institution judiciaire et, comme le ton de la pièce se veut
> plaisant et moqueur, on pense souvent qu'il suggère une critique de
> cette institution.

La machine judiciaire

Parce que l'exercice de la justice est délégué par le pouvoir politique,
le juge peut être assisté par la force des sergents. Dans *La Farce de
maître Pathelin*, Thibaut l'Agnelet, qui a eu affaire à l'un d'eux, le
décrit ainsi de manière plaisante : « [un] personnage en habit rayé
[...] tout excité, un fouet sans corde à la main ». On reconnaît l'uni-
forme voyant et coloré des huissiers ; ils portaient aussi un bâton
à la main, comme signe du pouvoir qu'ils exerçaient. Ces sergents
étaient des auxiliaires de l'institution judiciaire.

La pièce développe surtout le procès du berger, avec assez peu de
détails pourtant : on entend le drapier se plaindre dans la confusion,
Thibaut l'Agnelet se contenter de bêlements et, surtout, Pathelin
souffler les conclusions logiques de la situation. Le juge n'a donc
plus qu'à absoudre le berger, c'est-à-dire non pas à le déclarer inno-
cent, mais à le considérer comme irresponsable. Ainsi la plainte du
drapier serait-elle peut-être fondée mais, de toute manière, elle
n'est pas recevable.

Une fois le jugement rendu, l'amende serait la punition la plus habi-
tuelle. Pour que la peine soit corporelle, il faut que la faute ait été
grave, un crime, par exemple. Que penser alors de la punition du
pilori que Guillemette invoque au début de la pièce pour Pathelin ?
Ce châtiment consistait à exposer le condamné à la foule pendant
quelques heures, la tête et les mains prisonnières d'un carcan ; la
honte était d'autant plus grande que chacun pouvait interpeller le
proscrit.

Une critique ?

La Farce pourrait s'interpréter comme une caricature de la justice : le juge annonce d'emblée qu'il est pressé d'en finir, il n'attend pas l'avocat du drapier, ne cherche pas à comprendre son trouble et se contente d'un jugement fondé sur les apparences.

Cela dit, aucune des critiques exercées habituellement contre les juges n'est imputable à ce personnage : rien sur sa lenteur, rien sur sa vénalité (il agit avec générosité envers le berger ou envers Pathelin qu'il invite), rien sur sa partialité (il ne paraît de connivence avec personne et se contente d'examiner les faits tels qu'ils lui apparaissent).

Plaisir de la farce

En somme, il serait peut-être difficile de se faire une idée exacte du fonctionnement de la justice à partir de la seule *Farce de maître Pathelin*. Pour son auteur, c'est plutôt le plaisir du jeu théâtral qui prime. Plus qu'une satire, le temps limité consacré à la scène de procès et le peu de personnages qu'elle implique rendent davantage compte des faibles moyens dramaturgiques dont disposent les farceurs et de l'extraordinaire efficacité de ce théâtre dans lequel auteurs et comédiens sollicitent l'imagination de spectateurs capables de suppléer à ces petits moyens matériels. Le thème de la justice reste secondaire par rapport aux effets et au plaisir subtil que procure le jeu farcesque. La même raison a sans doute conduit l'auteur à faire du juge un personnage relativement modeste par rapport à Pathelin, presque constamment présent sur la scène, et à Thibaut l'Agnelet, dont les apparitions attendues sont toujours suivies de grands effets comiques et dramaturgiques. Le juge bonhomme intéresse peu l'auteur : le personnage lui-même déclare être pressé d'en finir et de sortir de scène. Par ailleurs, il écoute assez soigneusement les différents protagonistes : il ne prend vraiment la parole et ne parle d'autorité qu'à la fin, pour classer l'affaire. Pour les spectateurs de farces qui attendent une tromperie, les personnages de Pathelin et de Thibaut l'Agnelet sont beaucoup plus intéressants : ils représentent bien davantage le plaisir de la farce.

✤ Carnaval et renversements

La période de carnaval est citée par Pathelin : « D'où viens-tu, masque de carnaval ? » (ce qui traduit : « Dont viens tu, caresme prenant ? ») demande-t-il au drapier. Ce temps qui précède le carême se caractérise par un certain nombre de manifestations bien visibles dans *La Farce de maître Pathelin*.

Renversements des hiérarchies sociales

Pendant ce temps de carnaval (avant le carême), le pouvoir paraissait se renverser : ceux qui le détenaient semblaient n'avoir plus rien, alors que ceux qui se trouvaient tout en bas (les plus nombreux) pouvaient donner libre cours à leur fantaisie. Dans *La Farce de maître Pathelin*, les personnages qui représentent un pouvoir social sont le juge et le marchand et, apparemment, ce sont eux dont on se moque le plus.

Le juge ne comprend rien à ce qui s'est passé et il rend un jugement à l'envers, comme on le faisait pendant le temps de carnaval : le plus coupable, le berger, repart sans ennui alors que le marchand qui a été volé se fait réprimander parce qu'il s'est moqué de la cour. De même, l'avocat menteur est récompensé par une invitation à dîner (III, 3).

Le marchand aussi est attaqué. Par ses richesses, il incarne le pouvoir matériel dans la société mais c'est justement sur ce point que la pièce montre qu'il est faible. Il perd ses marchandises à cause des vols de Pathelin (le drap) et du berger (les moutons). Son prestige social ne lui sert même pas à convaincre le juge, qui écoute plus volontiers un pauvre berger.

Mais le meilleur renversement de la pièce intervient dans la dernière scène : Pathelin a gagné contre le drapier et contre le juge, et il est vaincu à son tour par un personnage qui possède encore moins de pouvoir que lui. Lui sait utiliser la parole pour argumenter, conformément à son métier d'avocat, mais le berger n'a que les bêlements de ses moutons pour se tirer d'affaire. Malgré tout, les pauvres « bê ! » consacrent l'échec inattendu et spectaculaire de tous les autres personnages contre le berger des champs.

La matière du corps

La période de carnaval est aussi caractérisée par une grande attention portée au corps et à ses besoins. Les préoccupations matérielles des personnages sont manifestes : c'est vrai pour le drapier, mais Guillemette et Pathelin, qui se plaignent de leur pauvreté, sont aussi à la recherche d'argent ; le juge ne pense qu'à ses propres affaires, de même que le berger.

Presque tous les personnages s'intéressent à la nourriture. C'est bien la raison pour laquelle le juge presse tout le monde à son tribunal : son dîner l'attend. Il est d'ailleurs remarquable qu'il invite Pathelin à se joindre à lui mais, en période de carnaval, on est généreux avec les amis et les voisins : tout le monde doit être à la fête. L'argument qui achève de convaincre le drapier de faire crédit à Pathelin se résume à la promesse de boire en abondance et de manger de l'oie rôtie (I, 2). L'oie est bien une nourriture grasse, qui convient parfaitement à la fête et au temps du carnaval.

La raison pour laquelle le berger se trouve confronté à son employeur, c'est précisément que lui aussi a trop écouté son ventre. Il a donc assommé les moutons pour les manger : « Je le jure, il se peut bien que j'en aie mangé plus de trente en trois ans » (III, 2). C'est bien là un appétit d'ogre ou de loup, animal un peu goinfre que le berger invoque comme son saint patron !

Dans un tel contexte, tout le monde ne pense qu'à manger et à boire, et ces besoins physiques semblent guider tous les personnages dans leurs actions, il ne faut plus s'étonner que Pathelin jure ainsi : « par mes tripes » (I, 2). La tripe est précisément le lieu où toute nourriture finit par passer. De même que dans son délire, l'avocat parle de suppositoires, d'« urine », de « merdaille », de « cul » et de « derrière » (II, 2 et 5). Ce sont autant de mots plus ou moins grossiers, liés aux activités internes du corps qui absorbe les aliments. Ainsi, le personnage apparaît aussi attentif que les autres à ce thème carnavalesque de la nourriture.

❖ Les jeux de langage

> Comme toutes les pièces, *La Farce de maître Pathelin* utilise le dialogue pour faire avancer l'action, mais la parole est aussi un thème clé pour la compréhension de la Farce.

Les langages techniques

L'abondance des termes techniques frappe à la lecture de la farce, et ce dans trois domaines principaux : la justice, le commerce et l'argent, la religion.

L'auteur de la farce se moque de la justice, dont il semble bien connaître les usages, comme en témoigne la précision du vocabulaire utilisé, par exemple dans la première scène : « plaider », « monde du barreau », « cause », « avocat », « juridiction », « affaire », « maître en l'art de plaider », « métier d'avocat », « jugement », « procès ». C'est une scène d'exposition, mais Pathelin n'y exerce aucunement son métier d'avocat : le vocabulaire va donc encore s'enrichir considérablement par la suite.

Le vocabulaire de l'argent et du commerce est aussi largement sollicité dès la première scène, alors que Guillaume, le commerçant de la farce, n'a pas encore fait son apparition : « voler », « ramasser », « amasser », « avoir », « gagner », « valoir », « rien », « procurer », « tromper », « foire », « acheter », « denier », « emprunt », « deux aunes et demie », « trois et même quatre », « compter large », « faire crédit », « rendre », « trois quarts », « garant », « marchand ». Encore faudrait-il ajouter à cette liste déjà importante tout ce qui touche à la richesse et à la pauvreté, puisque c'est aussi le principal sujet de la conversation entre Pathelin et Guillemette.

L'Église n'est officiellement représentée par aucun personnage. Ce n'est pas forcément par décence, puisque d'autres farces n'hésitent par à mettre en scène des curés, des moines ou des clercs. Pourtant la religion apparaît bien comme une institution et, à ce titre, elle est aussi critiquée dans *La Farce de maître Pathelin*.

Pour approfondir

Parole et pouvoir

Le texte montre sans cesse la puissance de la parole et il apparaît clairement que celui qui sait parler possède le pouvoir. La parole, qui circule dans la ville où Pathelin exerce, fait sa réputation. La rumeur insistante, donnant de lui l'image d'un avocat raté à qui plus personne ne veut confier sa cause, vexe un peu l'avocat. Il n'est pourtant pas le seul à se préoccuper des paroles anonymes qui font la réputation d'un homme. Ainsi le drapier se laisse-t-il facilement convaincre lorsque Pathelin lui rappelle tout le bien qu'on disait de son père. Mais la meilleure preuve de la puissance du langage tient au sujet même de la farce : la première tromperie conditionne tous les événements qui suivent. Pathelin use de la flatterie pour convaincre le drapier : il loue la bonté et la générosité de son père, avec le sous-entendu qui passe par la sagesse populaire, la parole proverbiale « tel père, tel fils ». Il use encore de la flatterie pour faire l'éloge du drapier lui-même, et il fait de même pour la marchandise : « Que ce drap est de bonne qualité ! Moelleux, souple ! » (I, 2). Les deux séquences suivantes sont aussi fermement assises sur la force de la parole : le délire de Pathelin se trouve au cœur de la stratégie verbale du couple, qui veut persuader le commerçant de son erreur. La fin de la pièce, avec le jugement, paraît aussi irréelle parce que la décision du juge, normale si l'on tient compte des arguments qu'il écoute, est pourtant complètement coupée de l'histoire des moutons. L'expression « revenons à nos moutons » ne manque pas d'apparaître complètement absurde puisque, précisément, personne n'y revient jamais. Les personnages se servent aussi de leur langage comme d'un obstacle contre lequel vient buter la parole de l'adversaire. Obstacle infranchissable dans le cas de Guillemette, qui crie plus fort que le drapier ; obstacle tout aussi invincible pour le berger, qui oppose un « bê ! » à chaque mot, rendant ainsi l'échange impraticable. Ainsi s'explique l'impuissance de Pathelin dans la dernière scène : il est maintenant impossible de faire entendre raison en usant du langage verbal puisque la parole est toujours mensongère et inutile. Le berger n'a plus de prétexte pour obéir à Pathelin. Les mots sont détruits : ils ne veulent plus rien dire. La pièce se termine sur cet échec de la parole.

✤ Pathelin après *Pathelin*

> Le succès de cette farce se fait sentir immédiatement, en particulier avec la reprise des principaux personnages dans deux pièces ultérieures. Elles n'utilisent pas exactement le même schéma narratif, mais elles reprennent les recettes qui ont fait la réussite de *La Farce de maître Pathelin*, surtout les délires verbaux de Pathelin lui-même.

Les continuateurs

Le Nouveau Pathelin offre une reprise assez fidèle avec le personnage du marchand trompé, un pelletier qui vante sa marchandise à Pathelin : celui-ci ne tâte donc plus du drap mais différentes sortes de fourrures. La tromperie s'y déroule pourtant de manière très différente parce qu'intervient un personnage de religieux. Pathelin fait croire au marchand qu'il achète pour le compte de ce curé et au religieux que le pelletier souhaite se confesser. La confrontation entre le marchand, venu récupérer son argent, et le curé qui veut l'entendre en confession, crée la scène la plus drôle de la pièce. Pathelin reste extérieur à cette confrontation, contrairement à *La Farce de maître Pathelin* où il s'impliquait directement.

Dans *Le Testament de Pathelin*, le personnage principal, réellement malade, finit par mourir. Son agonie ne l'empêche pourtant pas de délirer. Tout se passe comme si la peur de la mort était évacuée : Pathelin se moque du curé qui tente de le confesser en lui léguant les fesses de Guillemette, sa femme ! Le discours de l'agonisant fonctionne à vide, les mots se succèdent de manière insensée. Le personnage multiplie les facéties et les pitreries.

Dans les deux cas, le personnage du religieux apparaît. Or c'était un de ceux dont les farceurs se moquaient le plus volontiers. *La Farce de maître Pathelin* réussissait à construire une histoire relativement longue sans ce personnage comique attendu, c'est dire que les deux imitations qui suivent apparaissent un peu pâles et conformistes en reproduisant des schémas narratifs habituels.

Pour approfondir

Thèmes et prolongements

Expressions restées célèbres

Très tôt, la pièce impose sa marque dans la langue française. Alors qu'elle a dû être jouée vers 1465, une lettre du roi Louis XI, sans doute datée de l'année 1470, nous apprend que le personnage de Pathelin était déjà fort célèbre. La lettre raconte l'histoire suivante : Jean de Costes se trouvait attablé à boire dans l'hôtel de Maître Jean Siller de Tours ; après souper, il s'étendit sur un banc en disant à la maîtresse de maison : « Par Dieu, je suis malade... je veux coucher ici, sans aller maintenant à mon logis. » À quoi ledit le Danseur (un homme qui fut tué dans la bataille qui suivit) alla dire au suppliant : « Jean de Costes, je vous connais bien. Vous pensez pateliner et faire le malade pour espérer coucher ici. » (Cité par Jean Dufournet, p. 10 de son édition, en GF.)

Ce Jean de Costes, personnage peu recommandable puisqu'il va tuer le Danseur dans une bagarre, est comparé au Pathelin de *La Farce* du même nom : comme lui, il est capable de mentir et de faire semblant d'être malade pour rester coucher. Quelques années seulement après la création de la pièce, Pathelin est un personnage pris comme (mauvais) exemple : à partir de son nom, on en arrive à créer un nouveau verbe, « pateliner ».

Textes et images

✤ Procès et plaidoiries

> Les hommes du Moyen Âge respectaient beaucoup les formes de la légalité en matière de justice. On en trouve des traces dans toutes sortes d'œuvres, des plus légères au plus sévères, d'autant que les codes très rigides des procès permettaient des imitations faciles aux dramaturges. Et les plaidoiries des avocats les ont inspirés bien au-delà du Moyen Âge.

Documents :

❶ « Renart et Grimbert », *Le Roman de Renart* (branche I) (éd. GF – Flammarion, 1985, vers 1301-1312).

❷ Arnoul Gréban, « Justice et Miséricorde », *Le Mystère de la Passion*, Gallimard, 1987, coll. Folio, p. 85-86.

❸ Pierre Levet (éd.), *La Farce de Maistre Pathelin*, « Devant le juge » (gravure sur bois de l'édition parisienne de 1489).

❹ Fabliaux, « Dieu et le Vilain », *Le Vilain qui conquit le paradis en plaidant*, Fabliaux, Paris, U.G.E., coll. 10/18 bilingue, 1994, p.165.

❺ *L'Interrogatoire*, miniature du XVe siècle (Paris, Bibliothèque nationale de France).

❻ Molière, « Il faut plaider », *Les Fourberies de Scapin*, II, 6.

❼ Jean de La Fontaine, « L'Huître et les Plaideurs », *Fables*, IX, 9.

1 Sire, dit Grimbert le blaireau,
si nous nous inclinons devant vous
pour rendre la justice et rétablir la paix,
vous ne devez pas pour autant
traiter votre baron [= Renart] avec mépris
mais avec équité et justice.
Considérez, ne vous déplaise,

que Renart est venu sous votre sauvegarde.
S'il se trouve quelqu'un pour se plaindre de lui,
ayez la bonté de le laisser se défendre
selon les procédures légales
en séance publique de votre cour.

2 **JUSTICE.** Prononcez donc la sentence pendant que vous y êtes. Pour ma part, je fais opposition et je vous défends de prendre quelque disposition que ce soit sans m'en avoir avertie comme vous devez le faire. Je me constitue donc en bonne et due forme partie prenante contre le genre humain à la délivrance auquel je m'oppose. Croyez-vous qu'il suffise de dire « je le veux » pour que vos discours aient force de loi ? Les choses n'iront pas ainsi : je mènerai aux hommes une guerre à outrance pour les punir de leur malignité.

MISÉRICORDE. Je ne prétends nullement, dame Justice, décider seule. Mais, ne vous en déplaise, leur cause n'est pas non plus si détestable qu'il vous revienne de les condamner sans que ma voix soit entendue.

JUSTICE. Ce n'est pas ce que je demande ; mais je me dois de demeurer rigoureuse.

MISÉRICORDE. Moi, je suis de leur côté, et c'est à moi qu'ils se sont adressés.

JUSTICE. Il ne saurait être question de les traiter ainsi. Juge [= Dieu], tu es la règle de Justice, reste impartial et garde les deux plateaux de ta balance égaux ; ne va pas t'abaisser devant ceux dont tu es le maître absolu. Rends à chacun selon ses mérites, sans acception de personne. J'accuse cette dame de partialité envers les hommes et je la confondrai dès qu'elle aura parlé.

MISÉRICORDE. Puisque vous êtes tellement sourcilleuse sur ce point, je pourrais vous retourner l'accusation : c'est la haine qui vous pousse à rechercher leur perte. Si je leur suis trop favorable, vous, vous êtes trop dure pour eux. Nous voilà donc à égalité.

3

1490

4 Quand la mort prit à l'improviste mon corps,
Il se confessa sincèrement
Et reçut la communion dans la grâce.
À qui meurt ainsi, on nous dit en sermon
Que Dieu pardonne tous ses péchés.
Vous savez bien si j'ai dit vrai !
J'entrai ici sans opposition :
Puisque j'y suis, pourquoi m'en irais-je ?
Je contredirais votre parole,
Car vous avez octroyé sans faille
Que celui qui est ici n'en sorte pas.
Vous ne mentirez pas pour moi !
« Ami, fait Dieu, je t'accorde
Le Paradis, tu m'as si bien interpellé
Que ta plaidoirie te l'acquiert !
Tu sais bien manier ta langue ! »
Le vilain dit en son proverbe
Que maint homme a en vain réclamé
Ce qu'en plaidant il a ensuite obtenu.
L'instruction prime la nature,
L'injustice appâte la justice,
Le tort avance et le droit va de travers :
mieux vaut ruse que force.

5

De q̃ friombz delictis z excessibz.

Qui
vnq̃
siule
exceps
auec Informacio d
sauuegarde precede se q
auré sur le zmademe
du Iuse veut faire a
ioñer le delinquāt p
respondre aud pouré
sur sed ze. et si le au
le regert la pte veu
estre adionee z sur p
ne z en tō cas ou il e
Infracion de sauue
garde euframcte se z

aureur est tenu de receuoir sil luy a este faicte plaincte ou doleã
contre le quel demuncāt la ptie à a este mise atort z cōtre rauson en

Pour approfondir

6 **SCAPIN.** Mais, pour plaider, il vous faudra de l'argent. Il vous en faudra pour l'exploit. Il vous en faudra pour le contrôle. Il vous en faudra pour la procuration, pour la présentation, conseils, productions et journées du procureur. Il vous en faudra pour les consultations et plaidoiries des avocats, pour le droit de retirer le sac et pour les grosses d'écritures. Il vous en faudra pour le rapport des substituts, pour les épices de conclusion, pour l'enregistrement du greffier, façon d'appointement, sentences et arrêts, contrôles, signatures et expéditions de leurs clercs, sans parler de tous les présents qu'il vous faudra faire. Donnez cet argent-là à cet homme-ci, vous voilà hors d'affaire.

ARGANTE. Comment ! deux cents pistoles !

SCAPIN. Oui, vous y gagnerez. J'ai fait un petit calcul en moi-même de tous les frais de la justice, et j'ai trouvé qu'en donnant deux cents pistoles à votre homme vous en aurez de reste pour le moins cinquante, sans compter les soins, les pas et les chagrins que vous vous épargnerez. Quand il n'y aurait à essuyer que les sottises que disent devant tout le monde de méchants plaisants d'avocats, j'aimerais mieux encore donner trois cents pistoles que de plaider.

7 **L'HUÎTRE ET LES PLAIDEURS**

Un jour deux Pèlerins sur le sable rencontrent
Une Huître, que le flot y venait d'apporter :
Ils l'avalent des yeux, du doigt ils se la montrent ;
À l'égard de la dent il fallut contester.
L'un se baissait déjà pour amasser la proie
L'autre le pousse, et dit : « Il est bon de savoir
      Qui de nous en aura la joie.
Celui qui le premier a pu l'apercevoir
En sera le gobeur ; l'autre le verra faire.
– Si par là l'on juge l'affaire,
Reprit son compagnon, j'ai l'œil bon, Dieu merci.
– Je ne l'ai pas mauvais aussi,
Dit l'autre ; et je l'ai vue avant vous, sur ma vie.

– Eh bien ! vous l'avez vue ; et moi je l'ai sentie. »
     Pendant tout ce bel incident,
Perrin Dandin arrive : ils le prennent pour juge.
Perrin, fort gravement, ouvre l'Huître et la gruge,
     Nos deux Messieurs le regardant.
Ce repas fait, il dit d'un ton de président :
« Tenez, la cour vous donne à chacun une écaille
Sans dépens, et qu'en paix chacun chez soi s'en aille. »

Mettez ce qu'il en coûte à plaider aujourd'hui ;
Comptez ce qu'il en reste à beaucoup de familles,
Vous verrez que Perrin tire l'argent à lui,
Et ne laisse aux plaideurs que le sac et les quilles.

✤ Étude des textes

Savoir lire

1. Comment le droit apparaît-il dans chacun des textes ? Quelles en sont les procédures ?
2. Rire et sourire. Comment la critique de la justice est-elle montrée ?
3. Montrez que les enjeux du texte d'Arnoul Gréban sont beaucoup plus profonds, notamment à travers l'utilisation de personnages allégoriques (définissez ce terme).

Savoir faire

4. Vous n'avez pas eu le temps d'apprendre votre leçon du jour : argumentez pour vous excuser. Imaginez aussi les arguments et les reproches du professeur.
5. À propos du document 1, imaginez la réponse de Noble le Lion. Récrivez aussi l'argumentation de Grimbert en faisant parler Renart : comme il est directement concerné par l'affaire, ses arguments ne seront pas les mêmes que ceux de Grimbert le Blaireau.
6. Pour chacun des textes, imaginez une petite mise en scène : quel en serait le décor ? Et les costumes des acteurs ? Et leurs gestes ? Justifiez vos choix.

Pour approfondir

Texts et images

✤ Étude des images

Savoir analyser

1. Décrivez précisément les gestes de chacun des personnages représentés dans les documents 3 et 5. Que signifient-ils ? Pourquoi sont-ils un peu exagérés ?
2. Comment se présente le décor dans chacun des documents ? Décrivez-le de manière détaillée. Comment expliquer que le document 5 soit plus précis ?
3. De quel moment exact de *La Farce de maître Pathelin* doit-on rapprocher la scène du document 3 ?
4. Dans le document 5, définissez précisément le rôle de chacun des personnages. Quels sont ceux qui n'apparaissent pas dans *La Farce de maître Pathelin* ?

Savoir faire

5. Le document 3 (comme *La Farce de maître Pathelin*) fait abstraction du public qui pourrait se trouver dans la salle d'audience. Imaginez ses réactions lorsqu'il regarde cette scène.
6. Votre collège organise une représentation de *La Farce de maître Pathelin*. Réalisez l'affiche.

✥ Langages et renversements

L'univers du théâtre produit des images marquantes pour le spectateur, surtout le spectateur des farces qui doit être frappé par la vivacité du jeu des acteurs et la rapidité de l'action : les retournements doivent surprendre et amuser. Mais d'autres arts de la représentation produisent des renversements, jusqu'à l'absurde, des textes contemporains.

Documents :

❶ Pieter Balten (± 1525-1598), *La Kermesse flamande*, Rijkmuseum, Amsterdam.

❷ Texte : Gervais du Bus, *Le Roman de Fauvel*, « Veritas, Equitas, Largitas... ».

Samuel N. Rosenberg & Hans Tischler, *The Monophonic Songs in the Roman de Fauvel*, Lincoln & London: University of Nebraska Press, 1991, p. 76 (traduction citée par Michel Zenacker, *La Cathédrale de Strasbourg*, Strasbourg, Alsatia, 1997, p. 78-79.).

❸ François Villon, « Ballade des contre-vérités », *Œuvres*, Paris, Champion, 1991, 255-257 (traduction André Lanly).

❹ Émile Zola, « L'oie de Gervaise », *L'Assommoir*, Paris, Gallimard, 1978, coll. Folio, p. 257.

❺ Eugène Ionesco, « Dialogue », *La Cantatrice chauve*, Paris, Gallimard, 1954, coll. Folio, p. 71-73.

❻ Pierre Levet (éd.), *La Farce de Maistre Pathelin*, « Pathelin alité » (gravure sur bois de l'édition parisienne de 1489).

Pour approfondir

2 *Veritas, equitas, largitas...*

La vérité, la justice, et la générosité n'ont plus cours ;
Le mensonge, la dépravation et l'avarice se portent bien ;
     La politesse disparaît.
L'amour, la chasteté et l'honnêteté sont méprisés ;
La vulgarité, la vanité et l'infamie sont honorées ;
     La grossièreté règne.
Il est maintenant bien vu de suivre les chemins écartés ;
Les coutumes, les traditions et les devoirs sont rejetés,
     Considérés comme dépassés.

3 *Ballade des contre-vérités*

Il n'est zèle que quand on a faim,
Et service que d'ennemi,
Dégustation que celle d'une botte de foin,
Et guet sérieux que celui d'un homme endormi ;
Il n'est clémence que cruauté,
Et assurance que chez les gens peureux ;
Il n'est loyauté que d'homme qui renie
Et bien sensé qu'un amoureux.

Il n'est engendrement qu'en bain,
Et bon renom que celui d'un homme banni ;
Il n'est rire qu'après un coup de poing,
Bonne réputation que si l'on nie ses dettes,
Véritable amour que dans la flatterie,
Heureuse rencontre que de malchanceux,
Vrai rapport que menteries
Et bien sensé qu'un amoureux.

Il n'est serein repos comme de vivre dans le souci,
Façon d'honorer que de dire « Fi ! »,
Vanterie que de frapper fausse monnaie,
Santé que d'un homme bouffi,
Et grande audace que couardise ;
Il n'est raison que chez l'homme en furie,
Douceur qu'en femme violente,
Et bien sensé qu'un amoureux.

Voulez-vous que Je vous dise la vérité ?
Il m'est d'amusement qu'en maladie,
De récit véridique que dans la fable tragique,
D'homme lâche que le valeureux
D'horrible sons qu'une mélodie,
Et bien sensé qu'un amoureux.

4 Cependant, les nez se tournaient vers la cuisine, à certaines bouffées chaudes.

« Peut-on vous donner un coup de main ? » cria Virginie.

Elle quitta sa chaise, passa dans la pièce voisine. Toutes les femmes, une à une, la suivirent. Elles entourèrent la rôtissoire, elles regardèrent avec un intérêt profond Gervaise et maman Coupeau qui tiraient sur la bête. Puis, une clameur s'éleva, où l'on distinguait les voix aiguës et les sauts de joie des enfants. Et il y eut une rentrée triomphale : Gervaise portait l'oie, les bras raidis, la face suante, épanouie dans un large rire silencieux ; les femmes marchaient derrière elle, riaient comme elle ; tandis que Nana, tout au bout, les yeux démesurément ouverts, se haussait pour voir. Quand l'oie fut sur la table, énorme, dorée, ruisselante de jus, on ne l'attaqua pas tout de suite. C'était un étonnement, une surprise respectueuse, qui avait coupé la voix à la société. On se la montrait avec des clignements d'yeux et des hochements de menton. Sacré mâtin ! quelle dame ! quelles cuisses et quel ventre !

« Elle ne s'est pas engraissée à lécher les murs, celle-là ! » dit Boche. Alors, on entra dans des détails sur la bête. Gervaise précisa des faits : la bête était la plus belle pièce qu'elle eût trouvée chez le marchand de volailles du faubourg Poissonnière ; elle pesait douze livres et demie à la balance du charbonnier ; on avait brûlé un boisseau de charbon pour la faire cuire, et elle venait de rendre trois bols de graisse. Virginie l'interrompit pour se vanter d'avoir vu la bête crue : on l'aurait mangée comme ça, disait-elle, tant la peau était fine et blanche, une peau de blonde, quoi ! Tous les hommes riaient avec une gueulardise polissonne, qui leur gonflait les lèvres.

5 MME MARTIN. Je peux acheter un couteau de poche pour mon frère, mais vous ne pouvez acheter l'Irlande pour votre grand-père.
M. SMITH. On marche avec les pieds, mais on se réchauffe à l'électricité ou au charbon.
M. MARTIN. Celui qui vend aujourd'hui un bœuf, demain aura un œuf.

Pour approfondir

MME SMITH. Dans la vie, il faut regarder par la fenêtre.

Mme Martin. On peut s'asseoir sur la chaise, lorsque la chaise n'en a pas.

M. Smith. Il faut toujours penser à tout.

M. MARTIN. Le plafond est en haut, le plancher est en bas.

MME SMITH. Quand je dis oui, c'est une façon de parler.

MME MARTIN. À chacun son destin.

M. SMITH. Prenez un cercle, caressez-le, il deviendra vicieux !

MME SMITH. Le maître d'école apprend à lire aux enfants, mais la chatte allaite ses petits quand ils sont petits.

MME MARTIN. Cependant que la vache nous donne ses queues.

M. SMITH. Quand je suis à la campagne, j'aime la solitude et le calme.

M. MARTIN. Vous n'êtes pas encore assez vieux pour cela.

MME SMITH. Benjamin Franklin avait raison : vous êtes moins tranquille que lui.

MME MARTIN. Quels sont les sept jours de la semaine ?

M. SMITH. *Monday, Tuesday, Wednesday, Thursday, Friday, Saturday, Sunday.*

M. MARTIN. *Edward is a clerk ; his sister Nancy is a typist, and his brother William a shop assistant.*

MME SMITH. Drôle de famille !

MME MARTIN. J'aime mieux un oiseau dans un champ qu'une chaussette dans une brouette.

M. SMITH. Plutôt un filet dans un chalet, que du lait dans un palais.

M. MARTIN. La maison d'un Anglais est son vrai palais.

MME SMITH. Je ne sais pas assez d'espagnol pour me faire comprendre.

MME MARTIN. Je te donnerai les pantoufles de ma belle-mère si tu me donnes le cercueil de ton mari.

M. SMITH. Je cherche un prêtre monophysite pour le marier avec notre bonne.

Pour approfondir

6

❖ Étude des textes

Savoir lire

1. L'inflation verbale. Comment chacun des textes joue-t-il sur l'amplification du sujet et l'enrichissement du vocabulaire ? Résumez le sujet de chacun d'eux en une phrase courte.

2. Tous ces textes cherchent aussi à faire rire le public ou à faire sourire le lecteur mais, pour arriver à un tel résultat, la technique n'est pas la même : analysez-la.

3. Quelles différences faites-vous entre les personnages de *La Cantatrice chauve* (document 5) ? Justifiez votre réponse.

Savoir faire

4. Le texte d'Émile Zola (document 4) n'est pas une pièce mais un roman. Récrivez la scène pour qu'elle puisse être entièrement jouée par des acteurs.

5. Comme dans *La Cantatrice chauve* (document 5), la « Ballade » de François Villon (document 3) et *La Farce de maître Pathelin*, dressez une liste de proverbes et d'expressions usuelles : utilisez-les dans de petites phrases en prenant leur sens littéral et non leur sens figuré pour créer un effet comique.

6. À l'imitation de François Villon, créez, vous aussi, un poème des contre-vérités.

❖ Étude des images

Savoir analyser

1. Combien de personnages se trouvent sur la scène au centre du document 1. Décrivez précisément le rôle de chacun d'eux.

2. Dans le document 6, décrivez les éléments de décor et de dramaturgie (le costume des personnages, leurs gestes...) : situez la scène dans *La Farce de maître Pathelin*.

3. Comment se présente le décor dans le document 1 ? Décrivez-le de manière précise. Montrez que l'œil du spectateur se perd dans la multiplication des scènes et des détails.

Savoir faire

4. Observez les expressions du visage et les attitudes des différents personnages sur la scène du document 1. Quels sentiments expriment-ils ? Attribuez à chacun une courte réplique.

5. Recherchez d'autres tableaux qui mettent en scène des représentations de farces. Présentez-les et décrivez-les.

6. Farce, théâtre et morale. Comment les farces sont-elles considérées d'un point de vue moral ? Montrez que le théâtre et les acteurs ont souvent été condamnés. Pourquoi ?

Pour approfondir

Langue et langages

Exercice 1 : texte 6 p. 120, Molière,
Les Fourberies de Scapin,
« Il faut plaider »

1. Donnez un **synonyme** du nom « sottise » (l. 17).

2. Donnez un **antonyme** de ce nom « sottise ».

3. Trouvez des **homonymes** de « sot », que vous utiliserez dans des phrases qui mettront en valeur leurs différents sens.

4. Quel est le **sens** du mot « épices » (l. 7). Trouvez deux autres mots de la même **famille**.

5. Quelle est la **racine** du mot « appointement » (l. 8) ? Trouvez les mots qui sont construits sur la même racine, avec différents préfixes et suffixes.

6. Même exercice avec le mot « signatures » (l. 9).

7. Relevez le **champ lexical** de l'argent.

8. Donnez un **synonyme** de l'expression « j'aimerais mieux » (l. 18).

9. Relevez les mots « en » dans la dernière réplique de Scapin et donnez-en la **classe grammaticale**.

10. Relevez les verbes au **futur simple** dans la dernière réplique de Scapin.

11. Relevez les verbes au **conditionnel** dans la dernière réplique de Scapin. Quelle est la valeur de ce temps. Remplacez « Quand » par « Même si » et récrivez la phrase. Quels temps avez-vous employés ?

12. Relevez les verbes du texte qui se trouvent à l'**infinitif**.

13. Où sont les **verbes** dans la réplique d'Argante ? Comment appelle-t-on ce type de phrase ? (Pour répondre, observez la ponctuation).

14. **Réécriture.** Récrivez la dernière réplique de Scapin en faisant parler Argante : « Oui, j'y gagnerai. Tu as fait... » Attention aux transformations des pronoms personnels et des possessifs (et n'oubliez pas qu'Argante tutoie Scapin).

15. **Écriture.** Imaginez un dialogue contradictoire entre deux collégiens : l'un a beaucoup aimé *La Farce de maître Pathelin*, l'autre non. Quels seraient leurs arguments ? Rédigez un texte en respectant les formes du dialogue (guillemets, tirets pour le changement d'interlocuteur...).

Petite méthode

Dans un texte de théâtre, **les répliques du dialogue** s'enchaînent directement (sans l'intervention d'un narrateur) : le changement de réplique est simplement indiqué par le nom du personnage et un passage à la ligne. Les paroles des interlocuteurs se situent dans **le système des temps du présent**, c'est-à-dire le présent, le passé composé, l'imparfait ou le futur (mais chez les auteurs anciens, on trouve aussi quelquefois le passé simple) ; les pronoms sont ceux des 1re et 2e personnes ; les adverbes de lieu et de temps sont toujours situés par rapport à « ici » ou « aujourd'hui ».

Pour approfondir

Exercice 2 : texte 7 p. 120, Jean de La Fontaine, *Fables*, « L'Huître et les Plaideurs »

1. Le **narrateur** est-il intérieur ou extérieur à l'histoire ? Justifiez et précisez votre réponse, et n'oubliez pas de prendre en considération les quatre derniers vers.

2. Pourquoi trouve-t-on le **possessif** « nos » (v. 18) ? À qui fait-il référence ? À quel type de possession renvoie-t-il ?

3. Quel est le sens de « bel » (v. 15) ? Comment appelle-t-on ce type d'emploi à contresens ? Proposez un **synonyme** qui convienne ici, et qui ne trahisse pas les intentions de l'auteur.

4. Pourquoi certains mots du texte ont-ils une **majuscule** : Pèlerins (v. 1), Huître (v. 2), Messieurs (v. 18)…

5. Cherchez l'**étymologie** du mot « compagnon » (v. 11). Pourquoi ce mot est-il employé justement ici ?

6. Analysez précisément les **pronoms** des vers 7 et 8 : nature exacte, fonction grammaticale, antécédent.

7. Cherchez dans un dictionnaire les **sens** de « gruge » (v. 17). Donnez un **synonyme** de ce verbe, qui convienne ici.

8. Quelle **personne verbale** apparaît dans les quatre derniers vers ? Pourquoi justement dans ces vers ? Qui est ainsi désigné ? Comparez avec le verbe « tenez » (v. 20).

9. Quelle est la **valeur du présent** « rencontre » (v. 1). Observez avec quel autre verbe de la même phrase « rencontre » est employé.

10. Quelle valeur a le **présent** « coûte » (v. 22) ? Pourquoi n'est-ce pas ici la même valeur que dans les vers qui précèdent ?

11. Quel est la **nature** de « y » (v. 2). Par quoi peut-on remplacer ce mot ?

12. Relevez tous les **verbes** du passage entre guillemets (v. 6 à 14). À quels **temps** sont-ils employés ? Pourquoi ?

13. **Réécriture.** Récrivez le passage entre guillemets (v. 6 à 14), en employant les temps du passé : « L'autre dit qu'il était bon de savoir... »

14. **Écriture.** Développez le vers 16 « Ils le prennent pour juge ». Imaginez un petit dialogue (respectez la ponctuation) où les deux pèlerins exposent la situation tout en se disputant.

Petite méthode

Lorsqu'un **auteur** écrit un texte, il choisit un **narrateur** qui raconte l'histoire et des **personnages** qui agissent. La prise de parole d'un personnage introduit une rupture dans le texte : cette rupture est clairement marquée par des guillemets, et le passage de parole d'un personnage à l'autre se fait alors par des tirets.

Quand un narrateur sait tout de l'histoire, il est **omniscient**. Il peut aussi adopter un **point de vue interne** : il raconte alors l'histoire à travers les yeux d'un des personnages. Il peut même être l'**un des personnages** : il parle alors à la première personne (« je »).

Pour approfondir

Exercice 3 : texte 4 p. 126, Émile Zola, *L'Assommoir*, « Manger de l'oie »

1. Relevez dans le texte tous les mots qui appartiennent au **champ lexical** de la vision. Quels autres sens sont sollicités chez le lecteur ?

2. Quel est le **sens** de « ça », dans l'expression « comme ça » (l. 25) ?

3. Cherchez dans le texte les termes qui appartiennent à un **niveau de langue** familier.

4. Quelle est la valeur des pronoms « **on** » (l. 3, 7, 13 et 15). Les pronoms ont-ils exactement la même valeur dans les quatre cas ? Qui désignent-ils ? Précisez aussi pourquoi l'auteur emploie « on » plutôt qu'un autre pronom.

5. Pourquoi les **sujets** des verbes « cria » (l. 3) et « dit » (l. 18) sont-ils **inversés** ?

6. Analysez précisément les deux **pronoms** « **l'** » (l. 24-25) : antécédent, nature exacte, fonction…

7. Quel est le **temps** du premier verbe « se tournaient » (l. 1) ? Quelle est la valeur de ce temps ?

8. Pourquoi passe-t-on (l. 13-14) du passé simple « attaqua », à l'imparfait « était » ? Quelle est la **valeur de ces temps** ?

9. « qui tirait sur la bête » (l. 7) ; « où l'on distinguait les voix aiguës » (l. 7-8) ; « qui leur gonflait les lèvres » (l. 27). Donnez la nature exacte de ces **propositions subordonnées**. Analysez aussi les mots par lesquels elles commencent (nature, fonction, antécédent).

10. Trouvez dans le texte des **propositions indépendantes** juxtaposées, et des propositions indépendantes coordonnées.

11. Trouvez dans le texte deux **propositions subordonnées circonstancielles de temps**. Quelle est la nature du (ou des) mot(s) qui les introduit ?

12. **Réécriture.** Récrivez les lignes 19 à 26, en faisant parler les deux personnages au discours direct (Gervaise, puis Virginie), et faites les transformations nécessaires : « Gervaise précisa les faits : « La bête est la plus belle pièce… »

13. **Écriture.** Racontez et décrivez un repas particulièrement festif : suggérez les formes, les couleurs, les odeurs, les goûts par les mots que vous emploierez.

Petite méthode

Une **proposition** est constituée par un verbe avec son sujet propre. La **phrase simple verbale** est en fait une **proposition indépendante**. Deux propositions indépendantes peuvent être **juxtaposées** par une virgule, ou **coordonnées** par une conjonction de coordination. Dans une **phrase complexe**, une proposition est **subordonnée** à une **principale**. La subordonnée complète alors soit un groupe nominal (subordonnée **relative**, avec un pronom), soit le verbe de la proposition principale (s. **complétive** avec une conjonction de subordination « que »), soit toute la proposition principale (s. **circonstancielle**).

Pour approfondir

Exercice 4 : texte 5 p. 126, Ionesco,
La Cantatrice chauve,
« Dialogue »

1. Qu'est-ce qu'un « **proverbe** » ? Qu'est-ce qu'un « **dicton** » ?
Qu'est-ce qu'une « **maxime** » ? Et un « **aphorisme** » ? Quel est
le temps majoritairement employé dans ce type d'affirmations ?
Pourquoi ?

2. Quelle est la nature des deux mots « **petits** » et leurs fonctions
dans la réplique de Mme Smith (l. 14) ?

3. Repérez dans le texte les **adjectifs** qui peuvent être employés
aussi bien comme noms que comme adjectifs. Repérez
un adjectif qui ne soit pas adjectif qualificatif.

4. Trouvez encore trois **adjectifs attributs** dans le texte,
et un **adjectif épithète**.

5. Quelle est la fonction de « **famille** » dans « drôle de famille »
(l. 25).

6. Trouvez d'autres **mots qui sont construits**, comme « belle-
mère » (l. 31) avec un adjectif et un nom. Comment se fait
leur pluriel ? Quel est, par exemple, le pluriel de « bonhomme » ?

7. Quelle est la fonction de « **tout** » (l. 8). Quelles autres fonctions
peut avoir le même mot ? Employez-le dans des phrases où
il aura une fonction différente de celle du texte.

8. Quelle est la valeur des **présents** dans les lignes 1 à 9 ? Et « dis »
(l. 10) et les verbes au présent de la réplique de M. Smith (l. 16) ?

9. Quels sont les **temps des verbes** dans la réplique de M. Smith
(l. 12) ? Ce sont des propositions indépendantes, mais quel
rapport logique y a-t-il entre les deux dernières propositions ?
Pour répondre, récrivez ces propositions en employant
une conjonction de subordination « si » au début (« Si vous ... »).

Pour approfondir

10. **Réécriture.** Récrivez les dix premières répliques du texte en supprimant le discours direct et en employant le passé : « Mme Smith disait qu'elle... ». Faites les transformations nécessaires sur les pronoms personnels et les temps verbaux.

11. **Écriture.** Écrivez, comme François Villon ou Eugène Ionesco, un petit poème à l'aide de proverbes ou de dictons. Essayez de justifier la juxtaposition des phrases en trouvant un thème unique (ex : proverbes sur les animaux, sur la nature ou sur tout autre sujet...).

Petite méthode

Les **adjectifs** constituent une classe de mots qui apparaissent de manière facultative dans le groupe nominal. Ils n'ont de sens que par rapport au nom, d'où un **accord** en nombre et en genre. Ils ont deux fonctions principales : **épithètes**, ils sont directement en contact avec le nom (ex : « cantatrice **chauve** ») ; **attributs**, ils sont séparés du nom par un verbe du type « être », « paraître »... (ex : « la cantatrice est chauve »). L'adjectif connaît également des degrés : le **comparatif** (« grand → plus grand », « bon → meilleur ») ou **superlatif** (« le plus grand », « le meilleur »).

Pour approfondir

Outils de lecture

Acteur : la personne qui interprète un personnage.

Action : les événements qui font avancer l'histoire.

Aparté : ce qu'un personnage dit pour lui-même. Les spectateurs l'entendent, mais pas les autres personnages présents sur la scène.

Caricature : portrait qui exagère certains défauts ou certains traits de caractère pour se moquer.

Champ lexical : ensemble des mots qui concernent un même thème.

Comique : les moyens utilisés par l'auteur pour faire rire le spectateur. On distingue le comique de situation, de paroles, de gestes, de caractère.

Conventions dramatiques : contrat moral qui lie le spectateur à ce qu'il regarde. Parce qu'il adhère à ce contrat, il croit que l'histoire est réelle, que les décors représentent bien la réalité, que les personnages vivent devant ses yeux.

Coup de théâtre : événement soudain qui donne à l'action un développement inattendu.

Dénouement : fin de la pièce, dans laquelle les différentes intrigues trouvent une solution.

Dialectes : langues propres à un territoire. Au Moyen Âge, le français n'était que le dialecte parlé en Île-de-France, comme ailleurs l'anglo-normand ou le limousin.

Dialogue : paroles qu'échangent les personnages.

Didascalies : ou indications scéniques ; informations fournies par l'auteur en dehors du dialogue des personnages. Elles précisent à qui s'adresse le personnage, ou décrivent un geste ou le ton d'une réplique.

Double énonciation : constat que les personnages s'adressent à la fois les uns aux autres et aussi aux spectateurs.

Dramatique : théâtral, en parlant d'un texte, d'un auteur ou d'un acteur (de *drama* en grec, « l'action »).

Exposition : au début de la pièce, scène ou l'on présente les personnages et l'action aux spectateurs.

Indications scéniques : voir didascalies.

Ironie : façon subtile de se moquer en insinuant le contraire de ce qu'on dit.

Jargon : langage incompréhensible.

Mise en scène : ce que fait le metteur en scène lorsqu'il choisit de représenter la pièce, en tenant compte du texte de l'auteur, du décor et du jeu des acteurs.

Monologue : réplique dans laquelle un personnage seul en scène se parle à lui-même ; les spectateurs connaissent ainsi ses pensées.

Parodie : exercice littéraire par lequel un auteur se moque d'un genre en l'imitant. Ainsi, Pathelin parodie le discours de l'agonisant.

Personnages types : personnages qui présentent des traits de caractère bien précis, et qu'on retrouve régulièrement dans les pièces de théâtre.

Protagonistes : personnages dont l'action compte dans la pièce de théâtre.

Quiproquo : malentendu entre deux personnages qui comprennent de manière différente un même mot ou un même geste, qui prennent quelqu'un pour ce qu'il n'est pas.

Réplique : phrase qu'un personnage prononce avant que l'autre ne reprenne la parole. Le dialogue est formé de répliques successives.

Satire : texte qui critique un trait de caractère ou un groupe social. *La Farce de Maître Pathelin* fait la satire du monde de la justice et du monde du commerce.

Scène : division d'une pièce de théâtre, à l'intérieur de laquelle les personnages ne changent pas.

Séquence : dans *La Farce de maître Pathelin*, chacune des trois grandes divisions de la pièce, correspondant aux trois principales tromperies (équivalent des **actes** dans le théâtre classique).

Tirade : longue réplique prononcée par un acteur.

Verbal(e) : adjectif synonyme de « oral ». Il s'applique aussi à tout ce qui concerne les mots. Au théâtre, on peut opposer l'expression verbale à l'expression gestuelle.

Bibliographie et filmographie

Pour compléter avantageusement cette bibliographie, on consultera les deux éditions de Jean Dufournet (GF-Flammarion) et de Michel Rousse (Folio-Gallimard).

Sur la vie, la culture et la création littéraire au XVe siècle

Dictionnaire encyclopédique du Moyen Âge (dir. André Vauchez), Cambridge / Paris / Roma, James Clarke & Co. LTD / Cerf / Città nuova, 1997.
> ▶ Les articles de ce dictionnaire permettent de prendre connaissance avec les principaux traits de civilisation du Moyen Âge.

Dictionnaire des lettres françaises. Le Moyen Âge, Paris, Fayard / La Pochothèque, 1992.
> ▶ Ce dictionnaire donne des notices biographiques, des analyses critiques et des études de synthèse sur toute la production littéraire médiévale. Les articles sont complétés par des bibliographies.

Sur la farce et le théâtre du XVe siècle

Farces du Moyen Âge, Paris, GF-Flammarion, 1985.
> ▶ On lira dans ce volume une anthologie des farces médiévales, avec une introduction générale et des notices brèves.

La Fantaisie verbale et le comique dans le théâtre français du Moyen Âge à la fin du XVIIe siècle, Robert Garapon, Paris, Armand Colin, 1957.
> ▶ L'auteur étudie les formes du comique farcesque, en particulier dans sa dimension verbale.

Le Théâtre français du Moyen Âge, Charles Mazouer, Paris, SEDES, 1998.
> ▶ Ce livre décrit de manière détaillée tous les genres de théâtre au Moyen Âge : il en donne les principales pièces et en propose des analyses.

La Farce ou la machine à rire. Théorie d'un genre dramatique, 1450-1550, Bernadette Rey-Flaud, Genève, Droz, 1984.
> ▶ L'auteur étudie les farces comme des mécanismes propres à faire rire, dans lesquels les personnages sont toujours subordonnés au dynamisme de l'action.

Sur *La Farce de maître Pathelin*

***La Farce de maître Pathelin*,** édition Jean Dufournet, Paris, GF-Flammarion, 1986.

▶ Cette édition de la pièce propose le texte original en moyen français et sa traduction. L'introduction et les notes rappellent les recherches qui ont été faites sur la pièce et en proposent une analyse globale.

***« La Farce de maître Pathelin » et ses continuations*,** Jean-Claude Aubailly, Paris, CDU-SEDES, 1979.

▶ Ce volume présente les principales continuations de la farce ainsi que les reprises du personnage principal dans des pièces ultérieures.

***Sur la « Farce de maître Pierre Pathelin »*,** Jean Dufournet, Jean et Michel Rousse, Paris, Champion, 1986.

▶ Un recueil d'articles de deux universitaires spécialistes du théâtre médiéval : *La Farce de maître Pathelin* est analysée sous l'aspect de l'écriture et de la dramaturgie.

***Adaptations et mises en scène contemporaines de « La Farce de maître Pierre Pathelin »*,** Jean-Claude Marcus (mémoire de maîtrise), Paris III, Institut d'études théâtrales, 1970.

▶ Ce mémoire recense et analyse les mises en scène de la farce au début de la deuxième moitié du XXe siècle.

***La Farce de maître Pathelin*,** Michel Rousse, Paris, Gallimard – Folio, 1999.

▶ Une édition de la pièce par un des plus grands spécialistes des farces médiévales.

***Maistre Pierre Pathelin, Lectures et contextes*,** Denis Hüe et Darwin Smith (dir.), coll. « Interférences », PU de Rennes, 2001.

▶ Ce volume propose de nouvelles lectures du texte en abordant la sociologie des personnages, les rapports entre langage et intrigue, entre culture savante et culture vernaculaire.

Prolongements

La pièce a souvent été représentée mais elle n'a pas donné lieu à un film marquant. Concernant les reprises en images, on peut tout de même citer :

***La Farce de maître Pathelin*,** David Prudhomme, Éditions l'an 2, 2006.

▶ C'est une mise en images du texte de la pièce, sous forme d'une bande dessinée dont les personnages sont des animaux.

Crédits photographiques

Photocomposition : Jouve Saran
Impression : Rotolito S.p.A. (Italie)
Dépôt légal : Août 2013 – 311695/03
N° Projet : 11042113 - Août 2019